구원의 복음상담 세미나

구원의 복음상담 세미나

2018년 1월 1일 · 제1판 1쇄 발행

발 행 인 · 김 만 홍
지 은 이 · 김 만 홍
발 행 처 · 도서출판 예지
인천광역시 계양구 계양문화로 168, 319-304호
전 화 010-2393-9191
등록 · 2005. 5. 12. 제 387-2005-10호
Copyright ⓒ 김만홍 2018.
ISBN : 978-89-93387-25-4 03230
정가 : 10,000원
공급처 : 하늘유통 031) 947-7777

이 책의 해답이 필요하신 분은 010-2393-9191로
문자를 주시거나 miso5839@hanmail.net로
연락주세요.

목차 | CONTENTS

1장 서론 4

2장 구원상담의 필요성 25

3장 구원상담의 성서적 예증 33

4장 미국식 구원상담의 문제점 40

5장 구원상담자의 자격 46

6장 구원받은 증거 52

7장 구원이 아닌 것은? 71

8장 거짓 믿음이란? 79

9장 구원상담 복음제시 87

10장 구원상담 모델 100

11장 구원상담 후 점검 122

1장 서론

기독교에서 가장 중요한 진리는 무엇인가?
당연히 구원이다.
무엇이 구원보다 더 소중한 진리이겠는가?
우리는 구원의 위대한 가치를 발견해야 한다.
구원은 기독교의 핵심이요,
기독교가 줄 수 있는 가장 큰 선물이며, 기독교의 존재 이유이다.
예수 그리스도께서는 구원을 위하여 인간의 몸을 입으시고
이 세상에 오셔서 십자가에서 죽으셨다.

그러므로 구원은 기독교의 기초요, 출발이다.
누구나 구원을 받아야 하나님의 자녀가 되고, 그리스도인이 되고,
하나님 나라의 주인공이 될 수 있다.
이 세상은 다 얻었다 할지라도 자기 영혼이 구원받지 못했다면
세상에서 가장 비참하고 어리석은 사람이 된다.
우리는 구원의 가치를 발견하고 그 구원을 누리고 그 구원을 전해야 한다.
한 개인에게 있어서 구원은 그만큼 소중한 것이다.

우리가 구원을 경험해야 하나님의 자녀로서 하나님께 영광을 돌리고,
헌신하는 아름다운 삶이 가능해 진다.
그 어느 누구도 자신이 구원을 경험하지 못했다면
결코 하나님을 기쁘시게 할 수 없으며, 하나님의 위대한 사역을 감당할 수 없으며,
자신의 삶도 아름답게 변화될 수 없다.
이 지구상에는 수많은 하나님의 위대한 사람들이 존재한다.

그들의 생애와 업적은 이루말로다 표현할 수 없지만
그 모든 출발점은 그들의 구원의 체험에 있다.
우리는 여기에서 구원상담의 중요성을 발견하게 된다.

A. 영국교회

인도에서 35년 동안 선교사로 사역을 했던 레슬리 뉴비긴은 이제 선교사역을 은퇴하고
자신의 고국 영국으로 돌아오게 되었다.
그러나 그가 영국에 돌아와 보니 영국은 과거 하나님을 믿는 기독교국가가 아니라
완전히 이방사회가 되어 있었다.
그가 영국 사람들에게 복음을 전했지만
대부분의 사람들이 복음을 거절하고 받아드리지 않았다.
그들은 예수 그리스도와 복음에 대해 냉소적인 태도를 취하였다.

그러므로 현재 영국교회는 거의 쇠퇴의 길로 접어들어 옛날의 영광을 모두 잃어버렸다.
그 옛날 존 낙스가 무릎 꿇고 기도하면서 영국을 달라고 절규했던
그 기상은 모두 사라져버렸다.
많은 교회들이 몇 몇 노인들만 모여서 예배를 하거나 아니면 문을 닫게 되었다.
우리나라에 최초의 순교자인 로버트 토마스 선교사를 파송한 교회는
영국의 하노버 교회이다.
그 순교의 피로 말미암아 우리나라에는 성경이 전해졌고 복음이 들어와
많은 사람이 예수 그리스도를 믿게 되었다.
하지만 그 토마스 선교사를 파송했던 영국의 하노버 교회는 지금은 문을 닫았으며
모두가 교회를 떠나고 말았다.
또한 현대선교의 아버지로 불리어졌던 윌리암 캐리를 파송한 영국의 하비레인 교회도
문을 닫았을 뿐만 아니라 그 예배당은 이교도의 사원이 되어 버렸다.

영국은 이제 이슬람 세력으로 인하여 몸살을 앓고 있다.
기독교 인구가 줄어드는 대신에 이슬람 인구는 계속 증가하고 있다.
2008년 유럽의 이슬람 인구는 약 1500만 명이었다.

전 세계 15억 무슬림 중 1%에 불과하지만 증가속도는 굉장히 빠르다.
특히 이슬람은 영국을 유럽 이슬람화의 전진기지로 삼고 전략적으로 영국을 공략하고 있다.
영국의 이슬람 인구는 약 160만 명인데, 전 인구의 3.3%이다.
이는 전체 기독교 인구가 71%로 약 4천만 명인 것에 비하면 보잘 것 없어 보이지만
전망은 그렇지 않다.

영국 내에서 2035년이 되면 이슬람 인구가 기독교인을 앞지를 것이라고 말한다.
이를 위해 무슬림들은 영국에서 무슬림들의 일부다처제를 법으로 통과시켰으며,
이슬람 사립학교가 115개나 인가를 받았고,
2012년 런던 올림픽을 위해 7만 명을 수용할 수 있는 모스크를 건설 중에 있고,
자신들의 학교에서는 성경수업을 폐지하였다.
특히 런던에는 100만 명의 무슬림과 400여개의 모스크가 있다.
영국에서는 매년 200여 교회가 문을 닫고 있는 실정이다.
서유럽에서 이렇게 이슬람이 폭발적으로 증가하고 있는 이유가 무엇인가?

장두만 박사는 "구원상담론"에서 그 원인을 이렇게 지적하였다.
이슬람 국가로부터의 과다한 이민과 무슬림의 폭발적인 출산,
유럽인들의 탈교회화 및 유럽교회의 영적 쇠퇴가 주된 원인으로 평가되고 있다.
이중 특히 우리가 눈여겨보아야 할 사항은 유럽교회의 쇠퇴원인이다.
유럽교회는 왜 쇠퇴하고 있는가?
유럽에서 자유주의, 진화론, 성경권위 부정, 이성과 첨단 과학 문명 의존 등으로 인해
설교에서 십자가의 복음이 사라지고,
천국과 지옥이 선포되지 않고 있는 것이 주된 원인이다.
설상가상으로 교회지도자들이 동성애에 빠지고,
동성애 부부를 주례하는 등 도덕적 타락, 풍족한 물질로 인한 안락한 삶,
소득세의 8-9%에 해당되는 높은 종교세 등이 교회 쇠퇴의 주요 원인이 되고 있다.

그러므로 문제의 주된 원인은
설교에서 십자가의 복음이 사라지고 천국과 지옥이 선포되지 않는 것이다.
다시 말해서 구원의 복음이 선포되지 않기 때문이다.

B. 미국교회

옥한흠 목사는 그의 저서 "평신도를 깨운다"에서 유명한 월간 잡지 크리스처너티 투데이에 인용된 미국교회에 관한 그린의 경고를 인용했다(p.30).

**50년 전만 해도 영국교회는 지금의 미국교회들처럼 교인들로 초만원을 이루고 있었다.
그 당시 우리는 습관적으로 예배당에 나와 강단을 쳐다보고 있는 신자들의 수에 만족하고 있었다.
그 결과 사람들은 무력한 교회에 환멸을 느끼게 되었고 설교에 무관심하게 되었다.
지금 영국교회는 비어 있다.
미국교회가 지금은 만원이지만
그 대신 평신도의 성경적 깊이라 할까, 아니면 영적인 깊이라 할까 하는 그것이 결여 되고 있다.
신앙이 그들의 생활에 뚜렷한 영향을 주지 못하는 감상적인 주일행사가 되어 가고 있다.
만일 여기에 어떤 변화가 일어나지 않는다면
지금부터 반세기 후에는 영국교회와 같이 미국교회도 텅 비고 말 것이다.
만일 내가 미국교회의 목사가 된다면 교회 밖에 있는 사람들에게 관심을 기울이기 전에 먼저
교회 안에 있는 사람들부터 중생시키고 영적인 기반을 닦아 주는 데 모든 시간을 바칠 것이다.**

그러므로 우리는 그린의 경고를 교훈삼아 교회 안에 있는 사람들에게 관심을 가져야 한다. 사실 목회란 무엇인가? 영적인 부모로서 성도들에게 부모역할을 감당하는 것이다. 누가 부모인가? 부모는 낳고 길러야 한다. 그러므로 우리는 복음으로 영혼을 낳고 양육을 통해 성도들을 길러야 한다.

C. 한국교회

우리나라에 복음이 언제 들어 왔는가?
초기 삼국 시대인 고구려, 신라, 백제시대에는 복음이 없었다.
그 다음 서기 918년에 왕건이 건국한 고려에도 474년 동안 복음이 없었다.
그러면 우리나라에 불교는 언제 들어왔는가?
서기 372년 고구려의 소수림왕 때에 우리나라에 불교가 들어왔다.
그리고 고려는 숭불정책을 써서 고려에는 불교를 믿는 사람들이 많았다.

그러다가 서기 1392년에 이성계가 건국한 조선은 숭유정책을 써서
결국 유교 500년의 역사는 우리나라에 깊이 뿌리를 내리게 되었다.

하지만 드디어 조선시대에 우리나라에 복음이 들어왔다.
우리나라에 복음을 제일 먼저 가지고 온 사람은 로버트 토마스 선교사이다.
그는 서기 1863년 영국의 런던선교회에서 중국에 선교사로 파송되어 사역을 하다가
자기 아내가 집에서 혼자 외롭게 죽는 사건을 경험하면서 충격을 받고
선교사 사역을 그만 두고 통역관으로 취직을 했다.

하지만 중국에 온지 2년이 지난 뒤 조선에 대한 정보를 듣고 조선에 꼭 가보고 싶어 했다.
토마스 선교사는 서기 1865년 9월 4일 두 젊은이와 함께 다량의 한문 성경을 실은 목선을
타고 중국 지포에서 출발해 10여일 만에 황해도 창린도 자자리 군포에 도착하여
성경을 나누어 주는 사역을 하였다.
그리고 백령도 부근의 섬을 2개월 반 동안 돌면서 섬 주민들에게 성경책을 나누어 주고,
예수 그리스도의 복음을 전하였다.
토마스 선교사 일행은 서울로 가서 전도할 생각으로 범선을 타고 한강을 향하였으나
큰 풍랑을 만나 겨우 목숨만 부지하고 다시 중국 북경으로 되돌아갔다.

그러나 그 후 조선선교에 대한 열망으로 그의 가슴은 뜨거워졌고,
1866년 8월 9일 제너럴셔먼호의 조선어 통역관의 신분으로 2차 조선선교 여행길에 올라
평양으로 가던 중 8월 21일 포리에 도착하여 500여 권이나 되는 성경을 나누어 주었다.
다시 석호정까지 북상하여 100여 권의 성경을 주민들에게 나누어 주었다.
그러나 만경대에서 제너럴셔먼호의 선장이 이익현을 배로 유인하여 억류하자
이 일로 조선군사와 전투가 벌어져 조선의 군사들이 쏜 불화살에 배는 불타고
토마스 목사 외에 3명이 생포되었다.
평양감사는 이들에게 국법을 어기고 사교를 전하고 백성들을 살해한 죄로
참수형을 명하였다.

결국 국법에 따라 선장과 중국서기인 조능봉, 이팔행이 먼저 목 베임을 당하였고, 결국 토마스 선교사도 1866년 9월 3일 28세의 나이로 평양 대동강의 백사장에서 순교를 당하였다.

로버트 토마스 선교사가 순교를 당하고 16년이 지나
서기 1882년 한미수호조약이 체결되면서 조선은 외세에 문을 활짝 열기 시작하였다.
토마스 선교사가 순교를 당한지 18년 만에 드디어 조선에 정식으로 선교사가 파송되었다.
그는 알렌 선교사로서 1884년 9월 20일에 제물포에 첫발을 내딛고 사역을 시작하였다.
1885년 4월 5일 부활절 아침에 언더우드 선교사와 아펜젤러 선교사 부부도
제물포에 도착하여 한국에서 사역을 시작하였다.

한국에 정식으로 선교사가 파송되어 100여 년이 지나면서 한국교회는 급성장하게 되었다.
지난 1970년대와 80년대는 한국교회가 매우 부흥한 시기였다.
그 때는 십자가만 걸어 두어도 사람들이 교회에 몰려왔었다.

1. 현재 우리나라 기독교 인구는 감소하고 있다.

1998년 한국 갤럽에서 18세 이상의 성인 남녀 1,613명을 대상으로
가구 방문을 통한 일대일 면접 조사한 종교 자료를 발표했다.
그 자료에 의하면 개신교 인구가 20.3%, 불교인구가 18.3%, 천주교 인구가 7.4%였다.
종교인 중 다른 종교로 개종한 경험을 가진 사람은 16.2%였는데,
개종 전에 불교를 믿었던 사람은 32.8%이고, 천주교를 믿었던 사람은 9.8%였으나
기독교를 믿었던 사람은 무려 58.4%를 차지하였다.

이것은 참으로 심각한 문제가 아닐 수 없다. 이것은 무엇을 의미하는가?

이 기사가 실린 1998년 6월 9일자 국민일보는 "많은 사람들이 교회를 찾지만 이들 중 상당수가 교회에 정착하지 못하고 다른 종교로 개종하고 있어 교회가 초신자들을 대상으로 _____을 심어주어야 한다."고 지적했다.

2005년 통계청 조사에 의하면 기독교 인구는 전체 인구의 18.3%인 861만 6천명으로 집계돼
지난 10년 동안 14만 명이 감소한 것으로 나타났다. 이것은 매우 우려할만한 일이다.
같은 기간 다른 종교인 불교와 천주교는 증가하였지만
기독교만 감소했다는 것은 무엇인가 문제가 있다는 증거이다.

그런데 이 문제의 핵심에 구원문제가 자리 잡고 있다.
진짜로 _____ 성도는 절대로 다른 종교로 개종할 수 없기 때문이다.

그러므로 우리는 한 영혼을 천하보다 귀하게 여겨 확실한 복음을 전하여
영혼들을 구원해야 한다.
진정한 부흥은 한 영혼의 가치를 바로 인식하는 데서부터 시작되기 때문이다.

2. 교회 내에 있는 잃어버린 영혼들

그러므로 우리는 먼저 교회 안에 있는 잃어버린 영혼들에게 관심을 가져야 한다.
많은 사람들이 교회에 다니고 예수를 믿는다 하면서도
구원받지 못하고 종교생활을 하는 사람들이 있기 때문이다.
그들은 구원받은 것 같아 보이고, 구원받은 것같이 행동하고 구원받았다고 말하기도 하지만
사실은 구원받지 못하고 그냥 종교인으로 살아가는 사람들이다.
그들은 구원의 진리를 모르고 있다.

우리나라에서 교회를 출석하는 교인은 몇이나 될까?
과연 그들 중 정확한 구원을 받은 사람은 몇이나 될까?
구원이 정확하게 무엇을 의미하는지 바로 아는 이들은 몇이나 될까?
많은 사람들이 구원을 이야기 하지만 구원의 의미를 정확하게 모르고 있다.
대개는 막연하게 알고 있거나, 아예 모르고 있거나,
구원을 어떻게 받을 수 있는지 모르고 있어 참으로 안타까운 현실이다.

장두만 박사는 "구원상담론"에서 이렇게 지적하고 있다.

사실 교회 밖에 있는 불신자도 문제지만, 교회에 다니면서
직분도 가지고 있고 열심히 활동도 하지만 거듭나지 않은 사람이 더 큰 문제인 것이다.
그들도 여전히 불신자이고, 거듭나야할 대상이다.
거듭나지 못한 사람은 교회 밖에 있든지, 교회에 다니고 있든지 관계없이
모두 하나님의 진노아래 있기 때문이다.

그들은 단지 기독교라는 종교를 믿는 종교인들이지
예수 그리스도와 인격적 관계를 가진 사람들은 아니다.
기독교는 생명 그 자체이지, 단순히 종교는 아니다.
왜냐하면 종교는 인간이 하나님을 찾아가려는 노력이기 때문이다.
그럼에도 불구하고 대부분의 교회에서 이들을 방치하고 있거나,
그냥 그리스도인으로 간주하고 있다.

그렇다면 교회를 다니고 있는 사람들이 왜 구원에 대한 막연한 지식을 가지고 있을까? 어떤 사람은 그 이유를 이렇게 설명한다.

그것은 구원을 전해야할 교회가 바른 구원을 가르치지 않기 때문이다.
그리고 사람들이 구원에 대해 관심이 없고 또 알려고 하지 않기 때문이다.
많은 교회에서 목회자들이 일주일에 쉴 새 없이 설교를 하지만
구원의 진리를 선포하고 가르치는 목회자는 전체로 봤을 때 그리 많지 않다.
가벼운 설교, 신자들을 만족시키는 설교를 하고 있다.
진리를 외면하는 그들 덕분에 많은 신자들이 진리에 대해 잘 모른다.
기독교의 핵심 진리에 대해서 잘 모른다.
문제는 가르치는 것만이 아니라 _____ 하지 않는다.
모르면 알기 위해 노력해야 하는 것은 당연함에도 불구하고 누구도 그러한 노력을 기울이지 않는다.
그 이유는 무엇을 알아야 할지 모르기 때문이며, 구원에 대해 관심이 없기 때문이다.

제임스 몽고메리 보이스는 중생한 사람인지 아닌지에 관계없이
단지 교인 수만 증가시키기 위해
십자가 없는 기독교, 안일한 신앙으로 청중의 눈을 어둡게 하는 설교자들에게 경고한다.

설교자들은 비록 교인일지라도
그들이 실제로는 구원받지 못한 상태일 수 있다는 점을 상기시켜 주어야 한다.

3. 사탄이 가짜구원을 만든다.

사탄은 가짜를 만드는데 천재이다.
사탄은 자신이 사탄이면서도 자기를 화려한 빛의 천사로 가장한다.
사탄은 가장 귀한 것들과 비교되는 가짜를 만든다.
이 세상에서 귀중하지 않은 것들의 가짜는 없다.
가짜가 없는 것들을 생각해 보라. 걸레, 비닐우산, 손수건, 머리 빗 등 가치 없고
하찮은 것들은 가짜가 없다.
그러나 사람들은 어떤 것들을 가짜로 만드는가?
다이아몬드, 로렉스 시계, 지폐, 수표, 유명 메이커 제품들, 웅담, 산삼, 녹용, 값비싼 양주,
여러 종류의 보석들이 있다.
이 세상에는 진짜와 가짜가 함께 공존한다.
사람들이 분별하지 못하도록 가짜를 더 진짜처럼 화려하게 만든다.
그러니 기독교의 진수라고 할 수 있는 구원이 가짜가 없겠는가?
분명히 이 세상에는 참된 진리와 비 진리가 함께 공존하고 있다.
사탄의 역사로 말미암아 사람들은 참된 구원을 분별하지 못하고 있다.
사탄은 참된 _____ 를 가리고 있다.

"만일 우리 복음이 가리웠으면 망하는 자들에게 가리운 것이라 그 중에 이 세상 신이 믿지 아니하는 자들의 마음을 혼미케 하여 그리스도의 영광의 복음의 광채를 비취지 못하게 함이니 그리스도는 하나님의 형상이니라"(고후 4:3-4)

멸망을 당하는 자들에게는 구원의 복음이 가려져 있다.
이 세상의 신인 마귀 사탄이 사람들의 마음을 '혼미케' 하여
참된 구원의 빛을 보지 못하게 만들고 있기 때문이다.
여기서 '혼미' 라는 단어는 어두울 혼(昏)과 미혹할 미(迷)로서 사람들의 마음을
어리둥절하여 사리를 분별하지 못하게 하고, 헷갈리게 하고, 장님이 되게 하는 뜻이 있다.

그리하여 사람들의 마음의 눈이 가려져서 사망의 길을 참된 진리의 길로 착각하고
그 길을 가게 하는 것이다. 다음 구절은 이 점을 명확하게 뒷받침해준다.

"어떤 길은 사람이 보기에 바르나 필경은 사망의 길이니라 웃을 때에도 마음에 슬픔이 있고 즐거움의 끝에도 근심이 있느니라"(잠 14:12-13)

이 사람은 참된 진리의 길을 찾았다고 즐거워하고 웃으며 그 길을 가고 있지만
실상은 사망의 길이요, 슬픔의 길이요, 근심의 길이다.
어떤 사람이 미련한 사람일까?
잘못된 길을 가면서도 옳은 길로 간다고 _____ 사람이다.
자신의 행위를 선한 것으로 여기는 사람이다.
그러나 지혜로운 사람은 참된 진리를 전하는 사람의 권고를 받아들인다.

"미련한 자는 자기 행위를 바른 줄로 여기나 지혜로운 자는 권고를 듣느니라"(잠 12:15)

그러므로 존 맥아더는 예수를 믿는다고는 하면서도
진정으로 믿지 않는 사람들에 대해서 깊은 우려를 나타내고 있다.

최근의 통계에 따르면, 세계인구 중 16억이 그리스도인이라고 한다.
그리고 이름 있는 여론 조사에 의하면, 미국인들 중 3분의 1에 해당하는 사람들이 거듭났다고 한다.
이 숫자는 수백만의 사람들이 비참하게도 속고 있음을 보여준다.
그들의 확신이라는 것은 저주스러울 정도로 거짓된 확신이다.

보수파 장로교회의 대표적 학자인
그레샴 메이천 박사도 「믿음이란 무엇인가?」에서 이 문제의 심각성을 지적했다.

현대 신앙생활의 가장 큰 악 중의 하나는, 내가 보건대는, 일정한 공식에 따라
'나는 예수를 나의 구세주로 영접한다.'고 고백만 하면 그 고백의 진정한 의미를 이해하고
있다는 증거가 없음에도 불구하고 교회의 회원으로 받아들인다는 사실이다.
이런 관습의 결과, 예수 그리스도의 도덕적 성품에 대한 존경심 때문이라든지 인도주의적
사업에 종사하겠다는 막연한 목적으로 예수를 믿는 사람들을 수없이 교회에 받아들이고 있다.
교회 내에 있는 그런 사람 한 명이, 내가 믿기로는, 교회밖에 있는 10명보다
주님 일에 훨씬 더 많은 해악을 끼친다.
그렇기 때문에 이런 잘못된 관습은 근본적으로 바뀌어야만 된다.

4. 김상복 목사의 구원간증

횃불 트리니티 신학대학원대학교 명예 총장 김상복 목사는 「목회자 리더십」에서 자신이 경험한 구원에 대해 간증을 하고 있다(P. 15-21).

"저는 자식이 매를 맞아도 죽도록 충성하는 것이 더 중요하다고 하는 그런 가정에서 자라났습니다. 부모님은 평양에 계시고 6.25가 터지자 저는 피난 나왔습니다. 부산에서 중학교를 졸업하고 서울에 올라와서 고등학교를 다녔습니다. 지금 중등부 같은 소년부에서 회장도 하고 고등부 때에도 교회에서 봉사를 했었습니다.

제가 왜 이 이야기를 하느냐 하면 중학생 때 부산 남교회 중등부에 전도사님이 한 분 계셨는데, 얼마나 엄하신지 토요일에 철야 기도하는데 꼭 저를 불러서 자기 옆에 앉혀놓고 밤새 기도시키는 것입니다. 3년 동안 그렇게 훈련시켰습니다. 후에는 제가 그분을 원망했습니다. 왜? 나를 그렇게도 성서적으로 철저하게 만들어서 죄도 못 짓게 하니까 그랬죠. 한참 반항기에는 그런 생각까지 들었습니다. 지금은 너무 고맙고 감사하게 생각합니다. 서울에서 혼자 고등학교를 다닐 때에는 그것이 습관이 되어서 토요일만 되면 교회에 가서 철야를 했습니다.

그랬는데 제게 문제가 있었습니다.

목사님께서 예수님이 곧 재림하신다는 설교만 하면 저는 무서운 것이었습니다. 재림하시면 안 되는데 주님 오시면 나는 오실 바에야 주일에 오셔야지. 예배를 드릴 때나, 부흥회할 때 오시든지' 왜? 주일만 지나면 또 방황하니까 그때 오시면 어떻게 합니까?

6. 25직후에 한참 회개 운동이 나타날 때 대단했었습니다. 하도 회개하라고 해서 아무리 해도 이제는 할 것이 없는데, 목사님마다 모아 놓고 죄 이야기만 하시는데 회개 안할 수는 없고 옛날 회개한 것이 생각나서 또 하고 했습니다. 어떤 때는 집에 가서 다 적어 봅니다. 3세 때, 5세 때, 다 적으니까 25개나 되었습니다. 그것을 들고 교회로 갑니다. 회개하라고 하면 1-5번까지 회개하고는 6번부터는 가지고 옵니다. 다 하면은 그 다음날 회개할 것이 없으니까요. 새벽 기도에 가서는 6-10번까지 하고 순진한 소년이니까 목사님이 하라는 대로하는 것입니다. 하도 죄 이야기를 많이 말씀하시니까 눈물로 죄 의식 속에서 중. 고등학교 시절을 보냈습니다.

십대로서의 죄의식 때문에 제 삶에 어둠이 찾아왔습니다. 주님이 재림하시면 나는 부족한 인간이어서 도저히 설 수 없을 것 같았고 그래서 주님께서 먼 훗날 오셨으면 좋겠다고 생각했습니다. 그러다 보니 재림에 대한 꿈을 꾸는데 악몽을 꿉니다. 예수님 이 재림하실 때에는 구름타고 오신 다는데 제가 보는 예수님은 배를 타고 오십니다. 저 하늘에서 조그만 검은 점 같은 배가 점점 가까이 두둥실 내려와 높은 언덕에 내립니다. 그 배를 타려고 막 뛰어가는데 제자리걸음입니다. 다들 올라가 타고 몇 명만 남았는데 배가 떠나갑니다. 깨니까 꿈입니다.

악몽이 대학생 때까지 계속되었습니다.

중. 고등 학생부를 맡은 총각 집사가 되어서 성가대도 하고 그저 교회 일이라면 목사님이 시키는 대로 열심히 봉사했습니다. 문제는 어려서부터 성경을 배웠고 철저한 어머니 밑에서 컸고 고려신학교 중심으로 회개운동이 일어날 때 그 속에서의 학생 활동을 그저 당연시 여기며 그것을 신앙으로 안 것입니다. 겉으로 보면 저만한 청년이면 되었다 싶으니까 대학을 졸업하자 집사를 시켰고 중. 고등부 학생을 맡긴 것 같습니다. 이만하면 내 가슴속에 평안이 있어야 할 것 아니겠습니까?

지금 돌이켜 보면 그때 나 자신에 대한 구원의 확신이 없었습니다.

성경도 알고 설교도 수없이 들었고, 주일학교에서 가르치고 성가대도 했지만 구원의 도리를 정확하게 이해하거나 거기에 대해서 자신 있는 대답이 나에게 없었습니다. 예수님의 십자가, 갈보리, 보혈, 믿음 다 들었는데도 왜 나에게는 구원에 대한 확신이 없었는가? 아무도 나에게 구원의 문제에 대해, 복음에 대해 구체적으로 가르쳐 주신 분이 없었습니다.

대학교 2학년 때 목사님께서 세례 받았느냐고 물어보셨습니다.

어릴 때 유아 세례를 받은 적은 있는지는 모르겠으나 제 스스로 세례 받은 적은 없다고 말하였습니다. 다음 주일에 세례 받아라.' 하셔서 그냥 세례 받았습니다. 그때만이라도 저를 불러서 앉혀놓고 나의 구원의 문제에 대해서 한 번만 확신을 시켜 주셨으면 그 고민과 방황이 오래가지 않았을 텐데. 어려서부터 성경은 여러 번 읽었지만, 죄를 회개하라는 설교와 죄의 문제에 대해서 도전하시는 목사님들의 설교는 많지만 내 구원의 문제에 대해서 분명하게 말씀해주신 목사님에 대한 기억이 없습니다.

그렇게까지 철저한 교회에서 자라났는데도 예수님의 재림만 생각하면 얼마나 겁이 나고 두려웠는지, 자신을 얻기 위해 토요일마다 철야 기도를 한 것입니다. 그래서 추운 겨울에 담요도 없이 그냥 쪼그리고 철야 기도하는 도중에 예수님이 오시면 내가 이렇게까지 고생하는데 안 데리고 가 주실까?

그렇게 하는 것이 하나님을 잘 믿는 것이라고 생각하며 위로 받은 것입니다. 내 영생과 구원 문제에 대해서는 놓친 것입니다. 내 가슴속에 그것이 없었습니다. 결국 과거 저의 신앙생활의 고민과 고투는 지금 저의 목회 방향을 설정시켜 주었습니다.

지금은 그런 일이 많이 없습니다마는 미국 한인 교포교회에서 이런 일이 있었습니다. 제가 어느 교회에서 한 분을 만나서 "어떻게 해서 예수님을 믿게 되었습니까?" 물으니 "처음 이민 와서 교회를 가니까 얼마 안 있어 목사님께서 전화로 우리 교회 집사 좀 하십시오. 해서 전 아직도 예수 믿는 것을 잘 모르는데요, 했는데도 괜찮으니까 집사를 하라고 했습니다." 그래서 집사를 했답니다.

그 목사님에게 물어보았습니다. 그랬더니 "예수님을 믿으라고 집사를 주었지. 집사를 하다 보면 예수 믿게 되니까." 왜 그렇게 합니까? 집사직을 주어야 교회를 나오니까? 그래서 교회 나오게도 하고 교회 나오다가보면 예수 믿게 되니까? 순서가 뒤집힌 것입니다. 어떻게 신앙 고백이 없는 사람을 집사로 만들 수 있습니까?

한 번은 어느 장로님을 만났는데 "목사님 제가 중생 좀 받아 보려고 아무리 애를 써도 그게 안 되네요?" 하시더군요. 그 장로님은 중생의 참 의미를 모르시는 것입니다. 또 다른 교회에서 가서 집회를 마치고

"오늘까지도 신앙에 자신이 없는 사람은 남으십시오. 저와 개인적으로 이야기를 하십시다."하자, 열 명 정도 남았는데 한 명씩 _____을 하고 구원에 이르는 복음을 전하였습니다.

맨 마지막 사람이 제게 "목사님, 나는 사실 이 도시에서 한인 회장도 했고 이 교회의 안수 집사입니다. 작년에는 장로 피택도 받았습니다. 그런데 사실 저는 하나님을 안 믿는 사람입니다."

"그럼 어떻게 안수 집사님이 되셨습니까?"

"나는 하나님의 존재를 인정하지 않습니다. 그러나 한국 사람들이 모이려면 교회가 있어야 될 것 같아서 하나 만들었습니다. 또 교회가 운영되려면 돈도 내야 되고 해서 제가 내서 교회를 시작했습니다. 교회에 가 보니까 예수 믿는 사람들이 자꾸 싸움들만 해서 그 사람들 중간에서 조정을 하다 보니까 집사가 되데요. 계속 중간 역할을 하다 보니까 집사장이 되고 안수 집사가 되었는데 10년이 되었습니다. 작년에 장로 피택을 받았습니다마는 안수 집사까지는 하겠는데 장로는 양심에 가책을 받아서 못 하겠습니다. 어떻게 하면 좋겠습니까?" 라고 말하는 한인 교포가 있었습니다.

이것은 무엇을 말해 주는가?

한 교인을 바라볼 때 교회에 열심히 나오고 또 교회의 일을 많이 하면
저 사람은 예수를 잘 믿는다고 합니다.
혹 옛날에 누가 저를 보았다면,
근본적인 _____ 가 해결되지 않았지만
어려서부터 교회에서 전통적으로 해온 모든 교회 생활에 익숙해 있으니까
믿음이 좋다고 했을 것입니다.

제가 대학을 졸업하고 25세 되던 주일 아침-직장에 다녀서 주머니에 돈은 있고 총각이 하숙집에 가면 아무도 없으니까 친구들과 헤매고 돌아다니다가 으레 12시 정각에 돌아갑니다. 토요일도 겨우 택시 타고 집에 12시에 들어갔습니다. 다음날 주일 예배 시 성찬예식 시간이 되었습니다. 목사님께서 성찬을 함부로 들면 큰일 난다고 하셨습니다. 으레 그전에는 성찬 차례가 오면 그냥 받아먹는 거지 뭐 했는데 그날은 못 먹겠다 싶었습니다. 맨 먼저 반주자부터' 하는데 야단났습니다. 안 먹으면 김 집사 왜 저러나? 무슨 지은 죄가 커서 그럴까? 지난 주일동안 무슨 짓을 해서 성찬도 안 드는가? 하겠고 먹자니 못 먹겠고 야단났습니다. 10초밖에 안 되는 시간이었는데 거의 한 달이 지난 것 같았습니다.

그 갈등 속에 있는데 벌써 내 앞에 왔습니다. 난 도저히 예수그리스도의 몸과 피를 받을 수 없다. 나 같은 영적인 형편에서 어떻게 그리스도의 성찬에 동참하겠는가. 못하겠다.' 하는데 하나님께서 그때 저에게 말씀하셨습니다.

"내가 너를 구원해 주는 것은 네가 똑똑하고 착하고 선하고 경건한 청년이기 때문이 아니다. 네가 죄인이기 때문에 너를 은혜로 무조건 구원해 주는 것이다. 네 삶에 흠이 없고 부족이 없고 네가 하나도 잃어버린 것이 없이 다 회개했기 때문에 또 네가 철야 기도를 하고 주일학교에서 봉사를 하기 때문에 구원한 것이 아니다. 너 같은 인간임에도 불구하고 내가 너를 사랑하므로 영원한 영생을, 구원을 그저 값없이 선물로 주는 것이다."

하나님! 나 같은 사람도 구원하시는 것입니까?

저는 그 음성을 듣고 나 같은 죄인이기 때문에 그리스도의 찢기신 몸이 필요하다는 것을 알았습니다. 그래서 손을 뻗어서 그 성찬을 받아 입에 넣었는데, 그 순간 저는 제 몸에 전율을 느끼고 더 이상 피아노를 칠 수가 없었습니다. 저에게는 그때 성가대원도 없고 목사님도 안 계시고 우리 주님과 단 둘 밖에는 아무도 없었습니다. 창피하거나 누가 어떻게 생각하는 것이 나에게는 관심 밖이었습니다. 그 하나님의 은혜, 사랑이 제 영혼에 찾아왔습니다. 저는 그 자리에서 일어날 수가 없어서 울고 또 울었습니다. 그 하루가 지금도 생생합니다.

저는 25년 만에야 하나님의 은혜가 무엇인지 찾았습니다. 내 주 은혜 처음 받던 날 참 기쁜 날이 아닌가! 제 삶에 그 시간이 주님 앞에서 구원의 은혜를 깨달은 바로 그 순간이었습니다.

그때부터 삶의 변화가 나타났습니다. 그때까지 제 삶은 죄의식과 방황, 갈등, 두려움으로 가득 차 있었습니다. 그러나 그 순간 이후로 제 가슴에는 평화가 왔고 놀라운 기쁨이 넘쳤으며, 그때까지 짊어져 온 짐이 그 시간에 쫙 풀렸습니다. 지금까지도 제 영혼의 가벼움을 느낍니다. 이제는 내 죄를 사함 받은 감사와 찬송과 기쁨이 내 삶 속에 있을지언정 옛날 같은 것들은 다 없어졌습니다."

김상복 목사는 「당신은 확실히 믿습니까?」에서 이렇게 말하고 있다.

미국에서 보니까 집사님들이나 장로님들 가운데도 구원의 은혜를 모르는 분들이 있고
목사님들 가운데도 그런 분들이 계신 것을 보았습니다.
어떤 사람은 복음을 설명하면
'목사님 그렇습니까? 저는 교회를 십 년째 다니는데 그런 말은 처음 들었습니다.'라고 말합니다.
어느 목사님과 사모님과 이야기를 나눈 적이 있습니다.
약 한 시간가량 이야기를 나누는데 대화중에 무엇인가 빠져 있는 느낌이 들었습니다.
아무리 생각해 봐도 이 분이 구원받지 못한 분 같았습니다.
그래서 복음을 전했더니 '목사님, 저는 그런 이야기를 처음 듣습니다.'라고 말하는 것입니다.
그리고 주님을 영접했습니다.

5. 김진홍 목사의 구원간증

김진홍 목사는 「새벽을 깨우리로다」에서 자신이 갈등 가운데
그리스도 안에서 복음을 깨닫고 구원을 받은 사실을 간증하고 있다(9-43).

"부모님으로부터 물려받은 기독교 신앙이 대학에 들어가면서 흔들리기 시작했다.
그러나 어려서부터 습관화되고, 온 가족이 열심히 다니고 있는 교회를 청산하지 못하고
회의와 갈등 속에서 지내는 날들이 계속되었다.
대학 2학년 때이던 여름 어느 날, 영국의 철학자인 버트란트 럿셀의 책을 읽고,
그가 지적한 기독교의 허구성과 교회가 역사에 끼친 해독에 대해 깊이 공감하게 되었다.
럿셀의 판단에 공감을 느낀 그날 나는 기독교 신앙을 과감히 버릴 결단을 내렸다.

**나는 성경을 연탄아궁이에 집어넣고 뚜껑을 덮어 버렸다.
그 후로 나는 무신론자 내지 불가지론자가 되었다.**

어느 날 대구 시내의 보현사란 절을 찾아갔다.
주지 스님 앞에 단정히 무릎 꿇고 앉아 도를 물었다.
'시내 모 대학에서 철학을 공부하고 있는 학생입니다.

지금까지 교회를 다녔는데 기독교의 거짓됨을 깨닫고 이제 불도를 공부하려 합니다.'

주지 스님은 '교회를 다니다가 그만두었다니 잘했소이다.
나도 불가에 몸을 담기 전에는 기독교도였소.
기독교 신자라도 보통 신자가 아닌 전도사였다오.
청년도 알겠소이다만 시내 제일교회(영남지방 제일의 장로교회)에서
해방 전 십년을 전도사로 있었소이다.
지금도 성경을 거의 외우다시피 하지요.
기독교와 불교를 비교한다면 마치 초등학교와 대학을 비교하는 거와 같지요.
기독교가 초등학교라면 대학은 불교인 셈이지요.
불교의 심오한 진리들을 하나하나 깨쳐 나가면 그야말로 무궁무진하외다.
청년은 이제 초등학교를 졸업하고 대학에 들어오는 것이외다.
우선 내가 책을 한권 드릴 테니 읽어 보시오.'
그날 나는 주지스님에게서 '능엄경'이란 책을 받아 와서 밤새워 읽었다.
3일 후에 다시 가서 '능엄경'을 다 읽었다고 드리니
주지스님은 열의가 있어 크게 발전하겠다고 격려하시면서 '금강경'이란 책을 주셨다.
그 후로 산사를 다니며 수도를 하고 경을 읽으며 참선을 했다.
그러나 무언가 깊은 진리가 잡힐 것 잡힐 것 같으면서도 잡히지 않았다.
그러던 차에 불도에의 미련을 끊어 버릴 때가 왔다.
해방 후 불교계의 지도자로 생불이라 추앙받으시던 효봉 스님이 입적하셨다.
이 효봉 스님이 입적하실 때의 마지막 말씀이 '무'라는 외마디 내뱉음이었다.
나는 그 '무'란 말을 거듭 되씹으며 따져 보았다.

나는 무언가 있는 것을 찾으려 애쓰고 있다.
그런데 아무 것도 없다는 것은 곤란하지 않은가?
그 후로 절을 찾는 발걸음이 점차 뜸해지고 몇 달 후에는 아주 끊어졌다.

대학을 졸업하고 수석 입학에 수석 졸업이란 덕분에 모교에 조교로 남게 되었다.
교수님께서 내게 대강을 부탁하시는 시간이 종종 있어 나는 강의하는 기회가 제법 있었다.
1966년 5월 어느 날 영문학과 1학년 교실에서 철학개론을 강의하고 있었다.
수업 도중 한 학생이 '선생님, 진리가 무엇입니까?'라고 물었다.

나는 임마누엘 칸트의 순수이성비판이란 저서에서 논하는 진리를 설명했다.
그 학생은 '교수님, 그러한 진리는 내가 묻는 질문에 해당되는 진리가 아닙니다.
그런 진리가 나와 무슨 상관이 있습니까?
내가 그것을 위해 살다가 그것을 위해 죽을 수 있는 진리를 말씀해 주십시오.' 라고 말했다.

나는 당황했다. '그러한 진리는 나도 아직 찾지 못하고 있습니다.
나도 그런 진리를 열심히 찾고 있습니다.' 라고 했더니
그 학생이 '선생님께서 지난 시간에 철학이란 진리를 찾는 학문이라고 말씀하셨습니다.
그런데 오늘 선생님의 말씀은 선생님께서도 아직 진리가 무엇인지 모르신다고 하시니
그렇다면 수업을 더 이상 계속할 필요가 없지 않겠습니까?
선생님 자신이 아직 모르시고 계시는 것을 저희에게 가르치신다는 것은
서로 간에 시간 낭비가 아니겠습니까?' 라고 말했다.

나는 그날 밤 늦게까지 연구실에 앉아 생각했다.
그해에 나는 모교의 특별 배려로 교비 미국 유학생으로 선발되어 출국수속을 준비 중이었다.
미국에 가서 공부하고 귀국하여 모교의 강단에 다시 섰을 때
후배들에게 진리를 자신 있게 가르칠 수 있을 것인가? 자신 없는 일이었다.

결국 나는 그때까지 계획했던 일체를 중단하고 백지에서 인생수업에 나서기로 결심했다.
여름방학이 시작되기가 바쁘게 나는 약간의 돈을 마련하여 서울로 올라왔다.
하지만 서울에서 진리를 찾지 못하고 결국 빈털털이가 되어
다시 대구로 내려가는 야간열차를 무임승차로 탔다. 집에 도착했을 때는 영락없는 거지였다.
거지꼴로 돌아온 나에게 어머님은 교회 나가자고 눈물로 권하셨다.
나는 신앙이 없는데 어떻게 교회에를 가느냐고 반문했다.
1967년 한해를 나는 약장수, 화장품 외판원, 보험 세일즈맨 등을 겪으며
세상 견문을 넓혔다.

1967년 여름 어느 날 나는 대학 철학과의 선배이신 홍응표 선배님을 만났다.
그 선배님은 내가 대학교를 다니고 있었을 때에 도서관 앞 잔디밭에서
나의 코앞에 성서를 들이대며 예수를 믿음으로 구원 얻는 도리를 설명했었다.

성경에 기록된 대로 예수가 십자가에 사형을 당했고
죽은 후 삼일 만에 다시 살아났음을 역사적 사건으로 믿고
그 사건이 나의 죄와 죽음의 문제를 해결했음을 믿기만 하면 구원을 선물로 받는다.
이 예수를 우리의 주인으로 영접하면
우리는 죄의 세력에 얽매였던 데서 해방되어
새로운 존재로서의 하나님의 자녀가 된다는 요점으로 설명했었다.

나는 '그 정도의 구원이라면 나도 어려서부터 교회 다녔으니까 이미 해결된 것이군요.'
라고 말했다.
그러자 그 선배는 '어느 교회의 교인이 된다는 것과 크리스천이 된다는 것은 구별해야 하네.
크리스천이 된다는 것은 예수가 죽으심이 나의 죄 때문이요,
예수가 부활하심으로 나의 죄 문제는 해결되어졌다는 것을 믿고
그 예수를 개인의 구주로 영접한 사실에서부터 크리스천이 된다난 말일세.
교회를 수년간 다녔어도 예수와의 인격적이고도 구체적인 관계를 맺음이 없다면
교회의 맴버일 수는 있어도 아직 크리스천은 아니란 말일세.'
그 후로도 선배님은 몇 차례나 나와 대화를 나누시려 하였으나
나는 번번이 구실을 대고 피해 버렸었다.

그러한 선배님을 몇 해만에 다시 만난 것이다.
그 선배님은 나에게 로마서를 연구하자고 하셨다.
나는 확실한 것이라면 지푸라기라도 잡으려는 판인데
성경을 함께 연구하자는데 거절할 리 없었다.
이리하여 나의 성경연구 과정이 시작되었다.
처음에는 가벼운 마음으로 시작했으나 점차 진지한 자세로 변해 갔다.
나는 로마서의 각 항목을 하나하나 살피며 묵상했다.
논리적으로는 납득이 가는데 신앙으로 받아들여지지는 않았다.
읽을수록 의문만 생겨날 뿐이었다.
의문 중 첫째는 '인간이 죄를 지었다' 할 때의 죄가 무엇인지 죄의 개념이 파악되지 않는다.
둘째는 예수가 피흘려 죽은 것과 인간의 죄가 용서받은 것 사이에 연결이 되지 않는다.
셋째는 인간이 피흘린 예수를 믿는다 할 때 그 '믿는다' 는 말이
구체적으로 어떤 행위를 가리키는 것인지 궁금하다.

넷째는 하나님이 이 우주에서 왜 정의를 나타내야 하셨는가?
누가 하나님께 정의를 요구하였는가? 생각할수록 의문만 연속되었다.

**세월은 흘러 여름에 시작한 로마서 연구는 가을이 지나 겨울에 접어들었다.
드디어 12월 4일이 되었다.
그날 홍 선배님은 모교의 교육과 선배인 최광수 선배와 함께 왔다.
최선배의 주도로 신약성경 중의 같은 바울 서신인 에베소서를 읽게 되었다.
1절에서 시작된 글이 1장 7절
"우리는 그리스도 안에서 그의 은혜의 풍성함을 따라 그의 피로 말미암아
속량 곧 죄 사함을 받았느니라"에 이르자 갑자기 내 눈에 번개가 일어났다.
나는 함께 읽던 것을 중지 시키고 7절을 다시 읽었다.
거듭거듭 읽을 때에 내 머리 속에 천둥이 울렸다.
"그리스도 안에서" 일곱 글자가 강력하게 나를 압도했다.
열쇠는 '그리스도 안에서'이다.**

'그리스도 안' 란 어떤 곳인가?
인간을 향한 하나님의 사랑이 결집된 곳이다.
하나님께서 잃어버린 파트너인 인간을 찾아 그리스도의 모습으로 세상에 나타나셨다.
이 땅에 온 하나님인 예수는 고난을 당하고 피를 흘려 죽음으로써
인간에 대한 하나님의 사랑을 나타냈다.
그 하나님의 사랑을 인지하고 그 사랑에 나를 기투할 때 나는 하나님과 합일된다.
그간에 나는 어디에서 구원을 찾았던가?
내가 헤맨 공간은 어디였던가?
분명히 그리스도 안이 아닌 그리스도 밖이었다.
철학 안이었고, 종교 안이었고, 나 자신 안이었다.

나는 철학 안에 길이 없으리란 것을 짐작했으나 인간 안에도 길이 없음은 몰랐었다.
나는 그리스도 밖에서 방황했던 나를 보았고 나의 죄를 볼 수 있게 되었다.
예수 밖에서 방황하고 고뇌했던 나 자신의 모습이 바로 죄인의 모습이었다.
그리스도 안에 나타난 하나님의 은혜를 보고,
그리스도 안에 들어갈 때 나는 방황과 고뇌 그리고 죄에서 해방되었다.

수개월간 미로를 헤맸던 나의 모습은 일시에 사라지고
예수는 구체적인 사건으로서 내 앞에 나타났다.

**나는 무릎을 꿇고 예수를 나의 주인으로 모셨다.
나는 예수 안으로 들어갔고 예수는 내 안으로 들어왔다.
기쁨의 강이 내 심장을 흘렀고 세포마다 나의 새로운 출생을 감사했다.
1967년 12월 4일 밤 11시에서 5일 1시 사이였다.
다음날 아침에 떠오르는 태양은 이전의 태양이 아니었고
부는 바람도 이전의 바람이 아니었다.
새 태양과 새 바람이 새 사람 된 나를 환영해 주었다."**

김상복 목사와 김진홍 목사의 구원간증은 무엇을 말해주는가?
얼마든지 구원받지 않고도 교회생활을 할 수 있다는 것을 보여준다.
그러므로 우리는 구원상담이 얼마나 중요한지를 바로 알고
구원상담을 통해 영혼들을 하나님께로 인도해야 한다.

2장 구원상담의 필요성

구원상담은 교회에 출석하는 사람들 가운데 구원의 확신이 없는 사람들이나 구원 문제에 갈등하는 사람들에게 복음을 전하여 구원으로 인도하는 상담이다. 하나님 앞에서 자신의 죄로 인해 멸망 받을 수밖에 없는 사람에게 스스로 _____하고, 죄의 결과로 주어지는 무서운 심판을 알고, 자신의 죄를 슬퍼하며, 예수 그리스도의 십자가를 통해서 죄 문제를 해결하고, 예수 그리스도를 인격 대 인격으로 만나서 영생을 얻도록 도와주는 상담이다.

그러나 상담자가 죄인을 구원하는 것이 아니라 상담자가 구원에 필요한 말씀을 전할 때 성령께서 역사하셔서 하나님께서 친히 죄인을 구원하는 것이며 상담자는 안내자로 하나님께 쓰임 받는 것이다. 그러면 우리는 왜 구원상담을 해야 하는가?

1. 하나님의 사랑 때문이다 (요3:16, 롬5:8)

하나님께서 사랑하시는 영혼을 우리도 사랑하여 그 영혼에게 복음을 전해주어야 한다. 우리가 잃어버린 영혼을 사랑하여 복음을 전할 때 그리스도는 우리를 통해서 잃어버린 영혼에게 나타나시는 것이다. 그들은 우리를 통하여 그리스도를 발견하게 된다. 성경과 기독교의 핵심은 사랑이다. 성령의 열매도 첫째가 사랑이다. 하나님은 인간을 사랑을 위해서 창조 하셨다. 우리가 눈에 보이지 않는 하나님을 어떻게 사랑할 수 있는가? 그것은 눈에 보이는 사람들을 사랑하는 것이다. 사랑이란 무엇인가? 사랑이란 상대의 필요를 채워주는 것이다. 그래서 예수님은 이렇게 말씀하셨다.

"내가 진실로 너희에게 이르노니 너희가 여기 내 형제 중에 지극히 작은 자 하나에게 한 것이 곧 내게 한 것이니라"(마 25:40)

이 말씀의 결론은 이렇다. 우리가 예수님의 이름으로 잃어버린 죄인들을 사랑하는 것이 바로 하나님을 사랑하는 것이다. 그러므로 우리가 그리스도의 사랑을 가지고 그들의 필요를 채워주지 않는다면 그리스도를 사랑할 수 없는 것이다.

그러므로 우리는 먼저 복음을 통하여 그리스도의 사랑을 깨달은 다음에 그 사랑을 다른 사람들에게 실천해야 한다. 이것이 우리를 향한 하나님의 뜻이다. 우리 인생의 목적이 무엇인가? 그리스도의 사랑을 통하여 다른 사람들의 필요를 충족시키는 것이다. 성경이 말하는 아가페의 사랑은 행동하는 사랑이다. 예수님은 십자가에서 우리를 위하여 죽으심으로 우리의 필요를 채워 주셨다. 사랑이란 상대방의 최상의 행복을 위하여 필요를 채워주는 것이다.

조셉 알드리치는 행동하는 사랑을 이렇게 제시했다.

"사랑은 행동하는 것이다. 즉 설거지를 한다든가, 부엌일을 한다든가, 청소를 하는 행동이다. 로맨틱한 것이 아니라 현실적이고 관찰할 수 있는 것이다. 죄인들은 우리가 그들의 말에 귀를 기울이거나 그들과 시간을 함께 보낼 때, 사랑 받는 것을 느끼게 된다. 첫째로 사랑은 내면적인 '따스한 행복감' 이상의 것이다. 그것은 사람들 사이에 일어나는 만질 수 있고 볼 수 있는 현상이다. 사랑이 행동할 때 그것은 다른 사람들에게 보이고, 느껴지며, 경험될 수 있다. 둘째로 사랑은 체험될 때 불신자의 마음을 그리스도와 연결시켜 준다. 진정한 사랑의 관계는 불신자의 관심을 그리스도에게로 향하도록 한다. 그것이 불신자를 복음에 대한 부정적인 태도에서 긍정적인 태도로 바꾸는 열쇠이다. 하나님의 성령이 살아있는 편지를 쓰실 때 성장하고, 사랑하는 관계는 결과로 나타난다. 불신자가 그러한 편지를 읽을 때 그는 저자이신 하나님을 인정하게 되는 것이다. 셋째로 사랑은 그리스도인들이 택할 수도 있고, 피할 수도 있다. 즉 그리스도를 믿는 사람에게는 누구나 보장된 태도가 아니라는 것이다. 만일 사랑하면 모든 사람이 그것을 알게 된다. 신약의 저자들은 사랑의 필요성을 몇 번이고 강조하며 권면하고 있다. 우리는 사랑을 표현하는 실제적인 방법들을 가지고 있어야 한다. 우리는 복음 전도의 효과를 맺기 위하여 사랑하고 돌아보는 사람이 되어야 한다."

전도자의 행복이 어디에 있는가? 우리가 손을 뻗쳐서 다른 사람의 필요를 채워줄 때, 우리는 진정 행복을 경험하게 된다. 다음은 오스카 톰슨을 만나 사랑의 진정한 의미를 깨닫고 브렌다가 고백한 내용이다.

"오스카 박사님, 나는 과거에 나 중심의 삶을 추구했습니다. 나는 세상에서 나의 지위를 얻으려고

안간힘을 썼으며 그리고 친구들 간에도 늘 갈등을 느꼈습니다. 하지만 나는 사랑이 외부로 흘러갈 때 다른 사람들의 필요 뿐 아니라 나의 필요도 충족됨을 경험을 통해 알았습니다."

오스카 톰슨은 고독의 해결책을 이렇게 제시한다.

"당신은 고독을 느끼는가? 당신은 아무도 당신에게 관심을 표하지 않으며, 아무도 당신을 사랑하지 않는다고 생각하는가? 당신은 우울증에 걸려 있는가? 여기 놀라운 처방이 있다. 당신에게 가까이 허락한 인간관계 안으로 뛰어 들어가서 다른 사람의 필요를 채워 주라. 이제 당신은 가서 다른 사람을 사랑하라. 나는 이 세상에서 가장 행복한 사람들은 하나님의 사랑의 통로가 되는 분들이란 사실을 발견했다. 사랑은 필요를 채워주는 것이다. 사랑은 감정의 표현도 아니요, 느낌의 말도 아니다. 오히려 사랑은 지성적인 언어요, 의지나 뜻의 구사요, 행동적 묘사이다, 사랑은 행함이다. 사랑은 관계들을 수립하고, 사랑은 관계들을 유지하며, 사랑은 관계들을 성취하며, 사랑은 관계들을 주도한다. 사랑은 필요를 충족케 하는 것이다."

2. 하나님의 명령이기 때문이다 (마28:18-20).

우주의 왕이신 하나님께서 우리에게 복음을 전하라고 명령하셨다. 우리가 구원상담을 잘할 수 있는 비결은 오직 순종에 있다. 하나님께 순종하면 역사가 일어난다. 하나님의 백성들이 순종하니 요단강이 갈라지고, 순종하니 굳게 닫혀 있던 여리고 성이 무너져 내렸다.

그러므로 하나님의 사역은 순종으로 하는 것이다. 우리는 핑계와 변명을 버리고 하나님께 순종함으로 복음전도의 사명을 감당해야 한다. _____ 않는 사람은 복음을 전할 수 없다. 우리가 순종하면 하나님의 역사를 경험하게 된다. 복음을 전하는 것은 은사가 아니라 사명이다. 그러므로 성경은 우리에게 이렇게 명령한다.

"하나님 앞과 산 자와 죽은 자를 심판하실 그리스도 예수 앞에서 그의 나타나실 것과 그의 나라를 두고 엄히 명하노니 너는 말씀을 전파하라 때를 얻든지 못 얻든지 항상 힘쓰라 범사에 오래 참음과 가르침으로 경책하며 경계하며 권하라, 또 가라사대 너희는 온 천하에 다니며 만민에게 복음을 전파하라, 허락지 아니하시고 저에게 이르시되 집으로 돌아가 주께서 네게 어떻게 큰일을 행하사 너를 불쌍히 여기신 것을 네 친속에게 고하라 하신대"(딤후 4:1-2, 막 15:16, 5:19).

여기 모든 말씀들은 우리가 영혼을 구원하기 위해서 구원상담자가 되어야 한다는 분명한 명령이다. 어떤 분이 명령을 내리셨는가? 하늘과 땅의 모든 권세를 가지시고, 산 자와 죽은 자를 심판하실 하나님께서 명령을 내리셨다. 하나님의 명령이 얼마나 엄한가? 이 명령을 살펴보면 구원상담자가 되지 못할 이유가 없는 것이다.

그러므로 영혼을 구원하기 위해서 구원상담자가 되지 않는 것은 하나님의 절대 명령을 불순종하는 죄를 범하는 것이다. 하늘과 땅의 모든 권세를 가지신 예수님이 우리의 주님이라면 우리가 복음을 전하는 것은 선택의 여지가 없다. 그 일은 해도 되고 안 해도 되는 것이 아니라 해야만 한다. 우리의 인생의 주인 되시는 그분이 말씀하셨다.

"우리를 명하사 백성에게 전도하되 하나님이 산 자와 죽은 자의 재판장으로 정하신 자가 곧 이 사람인 것을 증거하게"(행 10:42).

그러므로 우리는 복음을 전하기 전에 우리들 자신에게 물어 보아야 한다.
"누가 나의 인생을 주관하고 있는가?"
"예수님은 진정으로 나의 주님이신가?"
그러므로 예수님을 주인으로 인정하는 사람은 복음을 전할 수밖에 없다. 만약 예수님이 우리의 중심에 계시지 않는다면 어떻게 다른 사람에게 "예수님을 당신의 구세주로 영접하시오."라고 말하겠는가?

3. 우리의 책임이기 때문이다.

에스겔 3장 16-19절에 의하면 하나님은 우리를 영혼의 파수꾼으로 세웠다. 만일 우리가 구원받은 하나님의 자녀라면 복음의 빚을 지고 있다. 누군가 우리에게 복음을 전해 주어서 우리가 구원을 받았기 때문이다. 그러므로 우리도 잃어버린 영혼에게 복음을 전해 주어야 할 책임이 있다. 우리는 우리 주변의 잃어버린 영혼들에게 복음의 빚을 지고 있기 때문에 우리가 복음을 전할 때 우리는 복음의 빚진 자로서 빚을 갚는 것이다. 빚을 갚는 것은 매우 기쁜 일이다.

하나님은 복음의 빚진 자로서 우리가 복음을 전하지 않으면 _____ 그 피의 대가를 찾으시겠다고 경고하셨다.

"가령 내가 악인에게 이르기를 악인아 너는 정녕 죽으리라 하였다하자 네가 그 악인에게 말로 경고하여 그 길에서 떠나게 아니하면 그 악인은 자기 죄악 중에서 죽으려니와 내가 그 피를 네 손에서 찾으리라"(겔 33:8).

미국의 전 대통령 지미 카터는 열심히 복음을 전하는 성도였다. 그가 다니는 교회에서는 매년마다 복음전도 집회가 있었는데, 그분은 매년마다 복음전도 집회에 초대하기 위해서 14가정을 찾아가서 복음을 전했다. 그러므로 10년 동안 140가정을 방문했다. 하지만 그분이 1966년에 주지사에 출마해 선거운동을 하면서 3개월 동안 무려 30만 명이 넘는 사람들을 만나 악수를 했기 때문에 그 결과로 당선이 되었지만 그분은 마음에 성령님께서 들려주시는 음성을 들었다.

"나를 위해서는 3개월에 30만 명을 만나보면서 하나님을 위해서는 14년 동안 겨우 140가정에게 복음을 전하였다니 이것은 참으로 부끄러운 일이다."

우리는 어떠한가? 우리의 가정과 우리의 사업을 위해서는 모든 정성을 다 기울이며 시간도 내고, 돈도 쓰고, 관심도 기울이면서, 하나님께서 찾고 계시는 잃어버린 영혼을 구원하기 위해서 우리는 무엇을 하고 있는가? 영원히 멸망할 수밖에 없는 불쌍한 영혼을 위해서 우리가 시간을 드리지 않고, 돈도 사용하지 않고, 관심을 기울이지 않는다면 우리가 진정한 그리스도인이라고 말할 수 있겠는가?

쉰들러 리스트라는 영화는 실화로서 오스카 쉰들러의 이야기를 다루고 있다. 쉰들러는 사업가로서 자신의 돈을 주고 유태인 1,100명을 자신의 공장에서 일을 시키겠는 명목으로 아우스비츠 수용소에서 구출해 낸다. 이 영화의 하이라이트는 마지막 장면인데 쉰들러가 유태인들을 더 구원해 내지 못한 것을 안타까워하는 내용이다. 자신이 타고 다녔던 자동차를 바라보며 "내가 저 자동차만 팔았더라면 10명을 더 살렸을 텐데" 600만 명 중에 1,100명은 비록 적은 수이지만 그래도 사람들을 _____ 열의가 대단했던 것이다.

우리도 이런 책임감을 가지고 잃어버린 영혼들을 구원해 내야 한다. 우리 각자가 처한 장소에서 나의 영향권에 있는 사람들은 모두 내 책임이라는 의식을 가져야 한다. 내 가족, 내 이웃, 직장 동료, 내 친구들은 내가 구원해 내야 한다. 그래서 우리는 구원상담을 해야 한다.

4. 구원받지 못한 영혼은 잃어버린 자이기 때문이다.

예수님은 잃어버린 영혼을 구원하시기 위해 이 세상에 오셨다(눅 19:10). 길을 잃어버린 아기는 스스로 집에 찾아올 수 없다. 마찬가지로 잃어버린 영혼들도 누군가가 그를 찾아가서 도와주지 않으면 스스로 구원을 받을 수 없는 것이다.

하나님이 제일 _____ 것은 잃어버린 영혼이 회개하고 하나님께 돌아오는 것이다. 누가복음 15장 1절부터 32절은 잃어버린 영혼이 말씀을 듣기 위하여 예수님께 가까이 나아올 때, 그 당시 종교 지도자들은 기뻐하지 않고 오히려 원망하고 불평하였다. 예수님은 이러한 잘못을 깨우쳐 주기 위해서 세 가지 비유를 들어 설명하신다. 잃어버린 영혼이 회개하고 하나님께 돌아오는 것을 얼마나 기뻐하시는지 알려주신다. 바리새인과 서기관들은 기뻐하지 않았다(눅 15:1-2), 잃어버린 아들의 비유에서는 집에 있던 형도 기뻐하지 않았다. 잃어버린 아들이 회개하고 돌아왔을 때, 형은 기뻐하기보다는 오히려 화를 내었던 것이다. 아버지는 돌아온 동생을 "이 네 동생"(눅 15:32)이라고 말하고, 그 집에 살고 있는 종들도 "당신의 동생이"(눅 15:27)라고 말하지만 이 못된 형은 자기 동생을 자기 동생으로 인정하지 않고 "아버지의 살림을 창기와 함께 먹어 버린 이 아들"이라고 말하면서 전혀 기뻐하지 않고 오히려 화를 내고 있다. 그러나 하나님은 이 말씀을 통해서 잃어버린 영혼이 회개하고 돌아오면 하나님께서 기뻐하시고, 하늘에서는 기쁜 잔치가 벌어진다고 말씀하신다.

그렇다면 하나님께서 가장 기뻐하시는 것은 잃어버린 영혼을 하나님께 돌아오게 하는 구원상담이다. 그러므로 우리는 구원상담을 열심히 실천해야 한다.

5. 영혼의 귀중성 때문이다.

예수님은 한 영혼이 천하보다 더 귀하다고 말씀 하셨다. 그러므로 구원받지 못한 영혼들이 구원받을 수 있도록 나의 노력과 시간과 물질을 투자하는 것은 가장 값진 투자이다. 투자 중의 투자, 가장 값진 투자는 바로 영혼을 위한 투자이다. 성경은 말씀한다.

"사람이 만일 온 천하를 얻고도 제 목숨을 잃으면 무엇이 유익하리요 사람이 무엇을 주고 제 목숨을 바꾸겠느냐"(막 8:36-37).

이 세상에서 가장 가치 있는 일은 무엇인가? 이 세상에서 가장 소중한 것을 위해 일하는 것이다. 이 세상에서 가장 소중한 것은 하나님과 그분의 말씀과 인간의 영혼이다. 그러므로 우리는 영원히 존재하는 하나님과 그분의 말씀과 인간의 영혼을 위해서 우리의 삶을 투자해야 한다. 영혼을 구원하기 위해서 우리의 삶을 투자해야 한다. 인간의 영혼은 너무나 소중하다.

예수님은 인간의 영혼이 가장 가치 있다고 보셨기 때문에 자신의 귀한 피 값을 지불하시고 우리를 구속하셨다. 우리를 구속하기 위해서 예수님의 거룩한 보혈이 흘려졌다. 그러므로 인간의 영혼은 소중하다. 우리는 구원상담을 통해 소중한 영혼을 구원하는 것이다.

6. 지옥의 무서운 고통 때문이다.

마가복음 9장 43-50절이나 누가복음 16장은 지옥의 무서운 고통을 잘 보여주고 있다. 구원받지 못한 영혼의 운명이 지옥인 것을 분명히 안다면 그들에게 확실한 복음을 전하지 않고는 견디지 못할 것이다.
우리는 예수님을 믿지 않는 사람들의 _____을 알고 있다. 그들이 지옥에서 당하는 고통은 이루 말할 수 없을 정도이다. 목마름의 고통과 뜨거움의 고통은 인간의 상상을 초월한다. 이 무서운 지옥에서 영혼을 건지는 방법이 무엇인가? 구원상담이다.

우리는 복음을 듣지 못하여 지옥에 들어가는 영혼들을 불쌍히 여기고, 그들이 불쌍하다고 생각하면 그들에게 지옥에 들어가지 않을 수 있는 방법을 알려 주어야 한다. 그들에게 복음을 전하지 않는 것은 멸망 받을 사람들에게 동정심을 가지지 않는 죄이며, 우리가 이웃을 내 몸같이 사랑하지 않는 죄이다. 이웃이 지옥에 간다는 사실을 알고 있다면 우리는 그들을 구원하려고 노력해야 한다. 그러므로 우리는 구원상담을 해야 한다.

7. 상담자에게 크나큰 기쁨을 주기 때문이다.

사도 바울은 자신이 복음을 전하여 세운 빌립보 교회를 바라볼 때마다 자부심과 기쁨이 있었다.

"그러므로 나의 사랑하고 사모하는 형제들 나의 기쁨이요 면류관인 사랑하는 자들아 이와 같이 주 안에 서라"(빌 4:1).

그리고 데살로니가 교회의 성도들은 바울의 소망이요, 기쁨이요, 자랑의 면류관이었다.

"우리의 소망이나 기쁨이나 자랑의 면류관이 무엇이냐 그의 강림하실 때 우리 주 예수 앞에 너희가 아니냐 너희는 우리의 영광이요 기쁨이니라"(살전 2:19-20).

우리가 복음을 전하여 구원받고 성장한 영혼들은 우리의 자랑이 될 수 있다. 우리가 복음을 전하면 반드시 기쁨으로 영혼의 열매를 거두게 된다.

"눈물을 흘리며 씨를 뿌리는 자는 기쁨으로 거두리로다 울며 씨를 뿌리러 나가는 자는 정녕 기쁨으로 그 단을 가지고 돌아오리로다"(시 126:5-6).

우리가 영혼들에게 복음을 전하여 그들이 구원을 받는 모습을 보게 되면 우리는 성령 충만해지고 기쁨이 넘치게 된다. 하지만 너무나 많은 그리스도인들이 복음을 전하지 않고 영혼들을 구원하지 않기 때문에 비참하고 우울한 삶을 살아가고 있다.

구원상담을 하는 사역은 너무나 기쁜 일이기 때문에 우리는 구원상담을 해야 한다.

3장 구원상담의 성서적 예증

예수님과 사도들은 대중을 대상으로 복음을 선포하기도 했고, 개인적으로 복음을 전하여 그 영혼이 구원을 받도록 구원상담을 해주는 경우도 있었다. 복음서를 살펴보면 예수님께서 개인을 만나 말씀을 전하신 것이 열 번이나 되는 것을 볼 수 있다.

1. 니고데모 (요 3:1-21)

예수님은 구원문제에 갈등을 느끼고 밤에 찾아온 니고데모를 구원상담을 하셨다. 니고데모는 바리새인이요 유대인의 관원이요 이스라엘의 선생이요 경험이 많은 늙은이였지만 거듭나는 진리에 대해 전혀 알지 못했다. 그가 거듭나지 못했기 때문에 예수님은 그에게 "내가 네게 거듭나야 하겠다 하는 말을 놀랍게 여기지 말라"(요 3:7)고 권면하셨다.

그리고 인간은 누구나 거듭나야만 하늘나라에 들어갈 수 있으며, 모세가 광야에서 뱀을 든 것 같이 예수님 자신도 십자가에 매달려야함을 구체적으로 설명하셨다.

우리는 예수님이 _____ 거듭나야 하겠다고 말씀하셨는지 이해해야 한다. 예수님은 그 당시 매우 타락한 죄인이나 어떤 부도덕한 사람에게 거듭나라고 말씀하신 것이 아니다.

오히려 인격이 훌륭하고 도덕적으로도 흠이 없고 학식이 매우 많아 사람들에게 존경을 받고 있는 니고데모에게 거듭나야 한다고 말씀하셨다.

종교적으로 아무리 선한 사람이라도 거듭나지 않으면 하늘나라에 들어갈 수 없기 때문이다.

그러면 왜 인간은 거듭나야 하는가? 예수님은 니고데모에게 이렇게 말씀하셨다.

"육으로 난 것은 육이요 영으로 난 것은 영이니"(요 3:6)

여기 육으로 난 것은 부모로부터 죄인으로 태어나는 것이기 때문에 육으로 난 사람이 거듭나지 않으면 지옥에 들어갈 수밖에 없다. 하지만 영으로 난 것은 성령의 역사로 말미암아 영적으로 하나님의 자녀로 태어나 구원을 받는 것이다. 그러므로 예수님은 니고데모에게 자신을 믿어야 영생을 얻게 되며 하나님께서 자신을 보내신 것은 세상을 구원하기 위해서라는 것을 구체적으로 대화를 통해 설명하셨다(민 21:5-9).

"니고데모 선생, 잘 들어보시오. 광야의 놋뱀 사건에서 이 놋뱀은 인자인 나를 나타내는 것이요, 내가 놋뱀처럼 세상의 모든 사람의 죄를 짊어지고 내가 십자가에 매달려야 하는 것이요, 하나님 아버지께서는 나에게 온 세상의 모든 죄를 십자가에 지게 하시고 나를 믿는 자, 나를 의지하는 자, 나를 신뢰하는 자는 누구든지 멸망을 당하지 않고 영생을 얻게 하려는 것이요"

하지만 니고데모가 그 당시에 구원을 받았다는 기록은 없다. 예수님께서 니고데모에게 "진실로 진실로 네게 이르노니 우리는 아는 것을 말하고 본 것을 증언하노라 그러나 너희가 우리의 증언을 받지 아니하는도다 내가 땅의 일을 말하여도 너희가 믿지 아니하거든 하물며 하늘의 일을 말하면 어떻게 믿겠느냐"(요 3:11-12)라고 말한 것으로 보아 그 당시에는 받아드리지 않은 것으로 보인다.

그리고 우리는 요한복음 2장 마지막 부분에서 그 이유를 발견할 수 있다.

"유월절에 예수께서 예루살렘에 계시니 많은 사람이 그의 행하시는 표적을 보고 그의 이름을 믿었으나 예수는 그의 몸을 그들에게 의탁하지 아니하셨으니 이는 친히 모든 사람을 아심이요 또 사람에 대하여 누구의 증언도 받으실 필요가 없었으니 이는 그가 친히 사람의 속에 있는 것을 아셨음이니라"(요 2:23-25)

이 말씀에 의하면 그 당시 예루살렘에 있던 많은 사람들이 예수님께서 기적을 일으키시는 것을 보고 예수님을 _____ 정작 예수님께서는 자신을 그들에게 의탁하시기를 거부하셨다. 예수님은 그들의 마음을 정확하게 볼 수 있는 분이셨기 때문이다. 예수님이 그들을 바라보시고 그들이 믿는다고는 하지만 참된 믿음이 아니었기 때문에 자신을 그들에게 의탁하시지 않은 것이다.

그러므로 그 당시 예루살렘에 살고 있는 사람들은 예수님께서 하시는 기적을 보고 믿었지만 정작 예수님께서 하신 말씀을 듣고 믿음 것은 아니었기 때문이다. 그러므로 니고데모도 예수님의 표적을 보고는 믿었지만 말씀을 듣고 믿지는 못한 것 같다. 그러므로 니고데모는 그 당시에는 구원을 받지 못했으나 나중에 구원받은 것으로 보인다. 나중에 니고데모가 예수 그리스도와 그의 제자들에게 우호적인 태도를 보이고 있기 때문이다.

"그 중의 한 사람 곧 전에 예수께 왔던 니고데모가 그들에게 말하되 우리 율법은 사람의 말을 듣고 그 행한 것을 알기 전에 심판하느냐"(요 7:50-51)

"일찍이 예수께 밤에 찾아왔던 니고데모도 몰약과 침향 섞은 것을 백 리트라쯤 가지고 온지라"(요 19:39)

2. 수가성의 우물가의 여인(요 4:1-42)

예수님께서는 죄악 가운데 방황하면서 그 심령이 심히 갈급한 상태에 있던 사마리아 여인을 우물가에서 만나 그 영혼이 구원을 받을 수 있도록 구원상담을 하셨다. 그런데 예수님은 그 여인을 상담하시면서 어떤 _____ 에 따라 그 여인을 구원으로 인도하셨다.

첫째, 예수님은 주의를 끄는 행동을 하셨다.

예수님은 유대인이셨지만 사마리아 여인에게 "물을 좀 달라"고 부탁하시며 접근하신다. 그래서 그 여인은 예수님께 이렇게 말한다.

"당신은 유대인으로서 어찌하여 사마리아 여자인 나에게 물을 달라 하나이까 하니 이는 유대인이 사마리아인과 상종하지 아니함이러라"(요 4:9)

둘째, 예수님은 그 여인의 관심이 무엇인지 알고는 공동관심사를 조성하신다.

사마리아 여인이 물을 얻기 위해서 우물가에 왔기 때문에 예수님께서도 생수에 대한 이야기를 통해 대화를 전개하셨다. 우리가 영혼들을 접촉하는 경우 비본질적인 것들은 빼고 곧 핵심으로 들어가는 경우가 있지만 예수님은 그런 식으로 접근하시지 않으시고 먼저 공동관심사의 대화에서 서서히 영적인 문제로 초점을 돌리시고는 곧 관심을 불러일으키신다.

"예수께서 대답하여 이르시되 네가 만일 하나님의 선물과 또 네게 물 좀 달라 하는 이가 누구인 줄 알았더라면 네가 그에게 구하였을 것이요 그가 생수를 네게 주었으리라"(요 4:10)

셋째, 예수님은 그 여인에게 욕망을 갖게 하셨다.

"예수께서 대답하여 이르시되 이 물을 마시는 자마다 다시 목마르려니와 내가 주는 물을 마시는 자는 영원히 목마르지 아니하리니 내가 주는 물은 그 속에서 영생하도록 솟아나는 샘물이 되리라"(요 4:13-14)

결국 그 여인은 관심과 욕망을 가지고 예수님께 생수를 요청하게 된다.

"여자가 이르되 주여 그런 물을 내게 주사 목마르지도 않고 또 여기 물 길으러 오지도 않게 하옵소서"(요 4:15)

처음에는 예수님께서 그 여인에게 물을 좀 달라고 접근하셨지만 이제는 그 여인이 예수님께 생수를 구하게 된 것이다.

넷째, 예수님은 그 여인의 죄를 자연스럽게 지적하신다.

"이르시되 가서 네 남편을 불러 오라"(요 4:16)

사실 그 여인은 남편이 없었다. 지금 함께 살고 있는 남자도 그 여인의 남편이 아니었다. 그 여인은 도덕적으로 바른 여인이 아니었기 때문에 예수님은 그 여인의 죄를 대면시킨 것이다. 인간은 자신의 죄인식이 없으면 구원을 받을 수 없기 때문이다. 그러므로 우리가 온전한 복음을 전하려면 _____ 다루어주어야 한다. 하나님 앞에서 죄가 얼마나 더러운 것이며, 죄의 대가와 죄의 형벌로 들어가는 지옥이 얼마나 무서운 곳이며, 죄가 하나님과 인간의 관계를 파괴시키는 것이라는 것을 철저하게 다루어주어야 한다.

다섯째, 예수님은 가장 시기가 적절할 때 자신이 메시야임을 밝히셨다.

사마리아 여인이 자신을 구원할 메시야를 기다리고 있다고 고백하자 예수님은 자신이 그 메시야임을 밝히셨다.

"여자가 이르되 메시야 곧 그리스도라 하는 이가 오실 줄을 내가 아노니 그가 오시면 모든 것을 우리에게 알려 주시리이다 예수께서 이르시되 네게 말하는 내가 그라 하시니라"(요 4:25-26)

이처럼 예수님께서는 개인적으로 사마리아 여인을 만나 대화를 통해서 복음을 전하여 구원을 받을 수 있도록 구원상담을 하신 것이다.

3. 재물이 많은 한 젊은이 (마 19:16 - 26)

재물이 많은 한 젊은이가 구원문제로 예수님을 찾아와 구원상담을 했지만 그의 많은 재물 때문에 구원받지 못하고 근심하면서 예수님을 떠나게 되었다. 우리는 여기서 구원과 관련해서 몇 가지 교훈을 배울 수 있다.

첫째, 그의 _____ 잘못되어 있다.
"어떤 사람이 주께 와서 이르되 선생님이여 내가 무슨 선한 일을 하여야 영생을 얻으리이까"(마 19:16)

우리가 구원을 받는 것은 우리가 무엇을 해서 받는 것이 아니라 하나님의 은혜와 선물로 받기 때문이다. 그래서 예수님은 만약 율법을 지켜서 구원을 받으려면 완벽해야 한다고 말씀하셨다.

"예수께서 이르시되 네가 온전하고자 할진대 가서 네 소유를 팔아 가난한 자들에게 주라 그리하면 하늘에서 보화가 네게 있으리라 그리고 와서 나를 따르라 하시니"(마 19:21)

그러자 그 젊은이는 근심하면서 떠나게 된 것이다. 처음에도 영생을 얻기 위해서 왔지만 이제는 물질 때문에 근심하면서 떠나는 것이다. 이것을 바라보고 놀라는 제자들에게 예수님은 이렇게 말씀하신다.

"제자들이 듣고 몹시 놀라 이르되 그렇다면 누가 구원을 얻을 수 있으리이까 예수께서 그들을 보시며 이르시되 사람으로는 할 수 없으나 하나님으로서는 다 하실 수 있느니라"(마 19:25-26)

결국 구원은 우리가 이루는 것이 아니라 하나님이 하시는 사역이다.

둘째, 누구나 한 가지 부족한 것이 있다.
"예수께서 이 말을 들으시고 이르시되 네게 아직도 한 가지 부족한 것이 있으니 네게 있는 것을 다 팔아 가난한 자들에게 나눠 주라 그리하면 하늘에서 네게 보화가 있으리라 그리고 와서 나를 따르라 하시니"(눅 18:22)

우리가 구원을 받는데 있어서 누구나 한 가지 장애가 있기 마련이다. 하지만 우리는 그 장애를 극복하고 하나님께 나아가 구원을 받아야 한다.

셋째, 누구나 다 구원상담에 성공하는 것은 아니다.
우리 예수님이 구원상담을 했다고 다 구원을 받는 것이 아니다. 그러므로 우리는 구원상담에 실패했다고 낙심하지 말고 계속 배우고 실천해야 한다.

4. 십자가에 달린 강도 (눅 23:39-43)

우리 예수님께서는 십자가에 달려 죽어 가시면서도 함께 달린 강도를 구원하셨다. 이 경우는 구원상담을 하는데 많은 시간이 걸리지 않고 짧게 끝내셨다. 예수님은 이 구원상담을 통하여 누구나 예수님을 의지하면 구원을 받을 수 있음을 보여 주셨다. 어떤 사람이 자신은 너무 큰 죄를 지어서 믿지 못하겠다는 사람이 있다면 그 사람이 십자가에 달린 강도보다도 더 많은 죄를 지었겠는가? 이 죄 많은 강도도 구원을 받았기 때문에 아무리 큰 죄를 지었더라도 누구나 예수님을 의지하면 구원을 받을 수 있다는 사실을 보여준다. 십계명이나 율법을 지켜야 구원을 받는다고 주장을 하는 사람이 있다면 이 십자가의 강도는 율법을 지켜서 구원을 받은 것이 아니라 율법을 범하고도 구원을 받았다.

그는 교회생활을 열심히 한 것도 아니고 헌금을 많이 낸 것도 아니고 봉사를 많이 실천한 것도 아니다. 너무 믿기에는 늦어서 구원받지 못하겠다는 사람이 있다면 이 강도는 죽음 직전에 지옥 문턱에서 구원을 받은 것이다. 이와 같이 우리 예수님께서는 어려운 상황 속에서도 영혼을 구원하기 위해서 구원상담을 하셨다.

5. 에디오피아 사람 내시 (행 8:26-31)

예루살렘 성전에서의 예배에까지 참석할 정도로 영적으로 갈급한 에디오피아 내시가 빌립의 구원상담을 통해서 구원을 받게 된다. 빌립은 성령의 인도함을 받아 광야에서 에디오피아로 돌아가는 내시를 만나 마차 안에서 구원상담을 하게 된다. 내시가 선지자 이사야의 말씀을 읽는 것을 듣고 "읽는 것을 깨닫느냐?" 하고 가볍게 접근한다. 그 때 내시가 이렇게 대답한다.

"지도해 주는 사람이 없으니 어찌 깨달을 수 있느냐"(행 8:31)

여기 "지도해 주는 사람"은 _____ 를 지칭한다. 우리가 길을 전혀 알지 못해도 좋은 안내자만 있다면 얼마든지 바른 길로 갈 수 있다. 그러므로 구원상담자는 죄인을 예수님께로 안내하는 사람이다. 상담자가 구원을 주는 것이 아니라 예수님이 구원을 주는 것이며 우리는 단지 안내자라는 것을 명심해야 한다. 여기서 세 종류의 안내자가 있다.

첫째는 본인이 가본 적이 없기 때문에 길을 올바르게 안내할 수 없는 사람이다.
올바른 길을 알지도 못하면서 엉뚱한 길로 인도하는 사람이다. 이 사람은 본인이 구원을 받지 않은 사람이다. 그러므로 소경이 소경을 인도하면 두 사람이 다 멸망을 당하게 된다.

둘째는 본인이 그 길을 가본적은 있으나 길을 안내하지는 못하는 사람이 있다.
이 사람은 본인은 구원을 받았지만 다른 사람을 어떻게 상담할지 모르는 사람이다.

셋째는 본인이 그 길을 가본적도 있고, 그 길을 잘 인도하는 사람이 있다.
이 사람은 본인이 정확하게 구원을 받았고 다른 사람도 구원을 받을 수 있도록 구원상담을 잘 인도할 수 있는 사람이다. 우리는 이런 안내자가 되어야 한다.

그러므로 빌립은 내시가 읽고 있는 이사야 53장 7-8절을 가지고 시작하여 여러 말씀을 통해서 예수 그리스도에 대해 설명하면서 복음을 전하여 내시를 구원으로 인도한다. 결국 내시는 구원을 받고 기쁜 마음으로 고향으로 돌아가게 된다.

6. 아볼로(행 18:24-28)

아볼로는 성경을 많이 알고 있었으나, 예수님 자신을 개인적으로 알기보다는 "예수에 관한 것"만 알고 있으면서도 그것을 열심히 전했다. 그러나 그는 예수를 전한 것이 아니라 주변 이야기만 전한 것이다. _____을 알지 못했고, 참된 알맹이가 빠진 것이다.

하지만 영적인 통찰력과 분별력을 가진 아굴라와 브리스길라 부부는 아볼로가 설교하는 내용을 듣고 구원받지 못한 사람임을 알게 되었고, 이어 개인적인 상담을 통해서 구원을 받을 수 있도록 도와주었다. 그러므로 영적인 분별력이 있는 상담자는 상대방이 하는 말과 기도만 들어봐도 그 사람이 구원받은 사람인지 아닌지를 정확하게 알 수 있다.

4장 미국식 구원상담의 문제점

A. 미국식 구원상담으로 대표되는 세 가지가 있다.

1. 네비게이토 선교회의 다리예화

1) 당신의 상태는 죄인이다.
2) 인간의 힘으로 구원받지 못한다.
3) 당신을 위한 하나님의 해결책이 있다.
4) 어떻게 당신이 영생을 얻을 수 있는가?

다리는 이미 놓여 졌고 하나님의 약속은 주어졌다. 그러나 당신이 그 다리를 건너가지 않는 한 결코 영생을 얻을 수 없다. 하나님은 당신이 어떻게 그 다리를 건너갈 수 있는가를 말씀하신다(요 5:24). 그러면 어떻게 하는 것이 믿는 것인가? 믿는다는 것은 하나님이 선물로 주시는 영생을 얻기 위해 예수 그리스도를 진심으로 의지하고 당신의 마음과 삶에 모셔 들이는 것을 의미한다(요 1:12, 계 3:20).

2. CCC의 4영리

1) 하나님은 당신을 사랑하시며, 당신을 위한 놀라운 계획을 가지고 있다(요 3:16, 10:10).
2) 사람은 죄에 빠져 하나님으로부터 떠나 있다(롬 3:23).
3) 예수님만이 사람의 죄를 해결할 수 있다(롬 5:8).
4) 예수님을 나의 구세주로 영접해야 한다(요 1:12).

3. 제임스 케네디 목사의 "전도 폭발"

1) 은혜 : 천국은 값없이 주시는 선물이다(롬 6:23).
2) 인간 : 죄인이고, 스스로 구원할 수 없다(엡 2:8-9).

3) 하나님 : 자비로우시고 동시에 공의로우신 분이시다.

4) 그리스도 : 무한하신 하나님이신 동시에 참 인간이시다.

5) 믿음 : 그리스도를 의뢰하는 것이다.

B. 미국식 복음전도방법의 문제점

장두만 박사는 구원상담론에서 미국식 복음전도의 문제점을 지적하고 있다.

사실 복음의 핵심은 네 가지이다.

첫째, 모든 사람은 하나님 앞에 죄인이다.

둘째, 죄인에게는 심판이 있다.

셋째, 예수께서 인간의 모든 죄를 다 처리하셨다.

넷째, 인간은 그 사실을 믿어야 한다.

이 네 가지는 모든 시대에 모든 나라에 적용되는 필수요소이다. 하지만 국가나 개인이나 시대에 따라 복음을 전하는 방법은 _____ 있어야 한다. 몽골 사람들은 누가 무엇을 질문할 때 틀린 답을 하면서도 씩씩하고 당당하게 대답한다. 그들은 징기스칸의 후예들이기 때문에 기질이 다른 것이다.

미국 사람들은 기다리는 것을 싫어하지 않는다. 공공장소에서 줄을 서는 것이 자연스럽고 싫어하지 않는다. 하지만 우리나라 사람들은 기다리지 못한다. 그래서 우리나라를 대변하는 것은 빨리빨리 문화이다. 어디를 가나 한국 사람의 특징을 말해주는 말이 되어 있다. 또 미국 사람들은 대륙성 기질로서 통이 크다. 하지만 같은 미국도 동부는 다르다. 그래서 큰 것은 대부분 텍사스 사이즈라 부른다. 텍사스는 땅이 넓기 때문에 다른 것이다.

중국 사람들도 대륙성 기질을 가지고 있다. 자신들이 맘먹고 오줌을 누면 일본은 그냥 떠내려간다고 말한다. 그러므로 모든 사람들은 국가나 개인이나 시대에 따라 다 다를 수 있다. 그러므로 우리는 우리나라 사람들을 잘 이해하고 복음을 전해야 한다.

그러면 미국식 복음전도의 문제점은 무엇인가?

1. 문화적 문제이다.

르베카 피펏은 "빛으로 소금으로"에서 모든 전도자가 명심해야 될 중요한 원리를 제시하고 있다(pp.379-380).
"복음은 불변하지만 우리가 처한 상황은 복음을 제시하는 방법에 영향을 미칠 수밖에 없다."

"십자가로 돌아가라"의 저자 알리스터 맥그래스도 복음을 적용시키는 방식에 대해 중요한 교훈을 말하고 있다.

"시대는 변하므로 우리도 시대와 더불어 변해야 한다. 이것은 우리가 전하는 복음에서 변하라는 말이 아니라, 발생하는 갖가지 상황에 따라 복음을 _____ 방식과, 또한 더 이상 유익하지 않은 이전의 시도들에서 생겨나는 여러 가지 요소들을 복음으로부터 제거하는 방식에 있어서 변하라는 말이다. 우리는 과거로부터 배울 수는 있지만 결코 과거로 돌아가서는 안 된다. 그렇지 않을 경우, 기독교는 곧 바로 사상사의 박물관에 진열되어 있는 하나의 전시물이 될 것이다."(p.195).

전도자가 고려해야 할 문화적 상황은 크게 3가지가 있다.
첫째는 국가적-민족적 문화가 있다.
둘째는 특정적-개별적 문화가 있다.
셋째는 시대적 상황에 맞는 문화가 있다.

국가적-민족적 문화가 어떤 민족이나 한 국가 전체의 문화적 특성을 말하는 것이라면, 특정적-개별적 문화는 우리가 전도할 각 개인이 처한 특수한 문화적 상황을 말한다. 시대적 상황에 맞는 문화는 각 시대에는 시대정신이 있고, 그 시대의 특이한 철학적 문화적 경향이 있다. 전도자는 이 세 가지를 다 고려해야 한다. 이를 무시한 채 복음을 전한다면 결코 효과적일 수가 없을 것이다.

첫째로 국가적 - 민족적 문화를 고려해야 한다.
앞에서 언급한 미국식 구원상담 방법은 모두 국가적-민족적 문화의 특수성을 도외시한 방법이기 때문에 한국에서 그대로 사용하기에는 근본적으로 많은 문제를 내포하고 있다. 이 방법은 기독교적 배경이 있는 미국 사람들을 주 대상으로 하고 있기 때문에 불교나 유교 등 비기독교 문화에 오랫동안 젖어 있는 사람들은 복음을 짧은 시간 내에 지식적으로 이해하는 것조차도 힘들다는 사실을 망각하고 있다.

사실 성경에서 말씀하시는 하나님은 유대교적이고 기독교적인 하나님이시기 때문에 우리나라에는 없는 단어이다. 대신 우리나라에는 하늘님, 한울님, 하느님으로 하늘에 있는 막연한 신으로 인식하고 있다. 불교에는 신이 없고, 유교는 하나님이 창조하신 하늘에다 신개념을 도입한 것이다. 그래서 하늘에 인격성을 부여하지만 성경이 말하는 신은 아니다. 성경에서 말씀하시는 하나님은 하나(유일하다)에다 존칭어인 님을 더한 것이다.

그러므로 하나님을 이해하기도 힘든데 하물며 구원이겠는가? 이 방법은 아직 영적으로 전혀 준비가 되어 있지 않은 사람을 너무 단 시간에 구원으로 인도하려 함으로 인해, 가짜구원을 양산할 위험성이 크다. 너무나 중차대한 구원의 문제를 단 몇 분 내지는 몇 십분 만에 끝내려 하다가는 돌이킬 수 없는 과오를 범할 가능성이 굉장히 크다는 사실을 염두에 두어야 한다.

또한 이 방법은 국가나 민족 간의 분명히 존재하는 문화적 차이를 무시한 미국적 방법이기 때문에 한국인에게는 효과가 적다는 사실이다. 미국 문화는 기독교 신앙에 바탕을 둔 죄책문화이다. 죄책문화는 수직적인 관계, 즉 대신관계를 강조하며, 그 밑바탕에는 기독교적인 신관이 있고, 또한 그 신 앞에 죄인이라는 의식이 깔려 있다. 그렇기 때문에 서양 사람들은 대체로 진솔하고 정직하다.

그러나 서구 문화와는 달리 우리 문화는 수치문화이다. _____ 라고 해도 같은 의미가 될 것이다. 수치문화는 수평적인 관계, 즉 대인관계를 강조하며, 그 밑바탕에는 인륜을 중시하는 유교사상이 깔려 있다.

그렇기 때문에 우리에게는 미국사람에게 있는 기독교적 신 개념이나 죄의 개념이 없다. 수평적으로 다른 사람과의 체면 문제만을 중시한다. 그래서 체면을 지키기 위해서는 거짓말을 해도 거짓말로 생각하지 않는다. 성경적으로 거짓말은 무서운 죄 가운데 하나이지만, 우리나라 사람들은 그렇게 생각하지 않는다. 그래서 우리나라에서는 사기 사건이 엄청나게 많은 것도 죄에 대한 인식의 빈곤 때문이다.

이러한 사실은 이미 한국에 온 초기 선교사들도 간파를 하고 있었다. 1903년 8월의 원산 대부흥에 주도적 역할을 했던 캐나다 토론토 의대 출신의 의료 선교사 로버트 하디를 비롯한 서양 선교사들은 대부분 한국 사람들은 하나님 앞에서 자신의 죄가 무엇인지 제대로 알지 못했다고 말했다. 그래서 총신대학교 교회사 교수인 박용규는 그의 저서 "평양 대부흥 이야기"에서 그들의 고백을 다음과 같이 기술했다.

"당시 한국인들에게 죄가 무엇인지를 깨닫게 해주는 데에 많은 어려움이 있었다고 선교사들이 고백합니다. 사실 한국인들은 체면문화 때문에 사람들을 의식하지만 하나님은 의식하지 않는 경향이 강합니다. 그래서 한국 선교 초기 한국인들이 하나님 앞에서 지은 죄들을 깊이 통회하는 일이 쉬운 일이 아니었습니다. 이것은 요즘도 어느 정도는 마찬가지일 것입니다."(p.40)

그렇기 때문에 이런 한국적 문화의 특성을 무시하고 미국적인 구원상담을 우리나라에서 그대로 직수입해서 사용함으로 인해 가끔 좋은 결과를 얻기도 하지만 실패하는 경우가 훨씬 많아지는 것이다. 이런 이유로 인해 한국 사람의 경우 일반적으로는 _____ 로부터 구원상담을 시작하는 것이 좋다.

둘째로 특정적-개별적 문화를 고려해야 한다.

우리는 구원상담을 받는 대상이 다르다는 것도 인정해야 한다. 그래도 어릴 때 교회를 다닌 사람은 조금 나은 편이다. 하지만 교회를 전혀 다녀본 경험이 없는 사람들은 순전히 생고구마와 같다.

우리나라 사람들은 손님이 집을 방문할 때 식사했느냐고 물으면 먹지 않았음에도 불구하고 먹었다고 거짓말을 한다. 우리는 거짓말을 예의라고 생각한다. 우리나라 사람들은 일본으로부터 신민통치를 경험한 나라이다. 일본 사람들이 쌀을 거두어가고, 자식을 군인으로 데려가려 하니 없다고 거짓말을 했다. 이것은 마치 스리랑카 사람들이 몇 십년간 불교에 찌들려 있으니 단 몇 분 만에 구원이 이루어지지 않는 경우와 같은 것이다.

한국 문화에 익숙한 사람에게는 일반적으로 죄 문제를 깊이 있게 다루는 것이 중요하다. 그렇다고 해서 모든 사람에게 항상 차별 없이 죄 문제로부터 구원상담을 시작하라는 말은 결코 아니다. 우리에게는 영, 혼, 몸의 면이 있기 때문에 어떤 사람은 육적인 문제로부터 시작해야 되는 사람도 있고, 어떤 사람은 영적인 문제인 죄 문제로부터 구원상담을 시작해야 되는 사람이 있다. 복음을 말하기 전에 이런 필요를 먼저 세워준 후 복음을 전해야 하는 경우도 있다는 사실을 명심해야 한다.

이것을 잘 분별해서 적절하게 대처하는 사람이 성숙한 상담자이고 지혜로운 상담자이다.

셋째로 시대적 상황의 문화도 잘 이해해야 한다.

이 시대의 전반적인 문화는 포스트모더니즘이다. 상대주의적이고 다원주의적인 문화적 특성에 대한 종합적 이해는 상담자에게 반드시 필요한 사항이다. 그렇기 때문에 구원상담이나 전도 방법도 한국적이어야 하고 개별적, 맞춤형이어야 한다. 복음 자체는 보편적이고 불변이지만 복음을 전하는 방법은 민족적 특성, 문화 시대상황, 개인적 특성 등을 감안해야 할 것이다.

2. 신학적인 문제이다.

미국식 구원상담은 대체로 지나치게 알미니안주의적이다. 마치 인간 편에서 믿기로 결심하고, 결단만 하면 성령의 역사가 없어도 구원이 되는 것 같이 전하는 수위 결심중생을 가르치고 있다. 복음을 전하고 이제 "마음 문을 열어라."고 말하지만 그렇게 쉽게 마음 문이 열리는가? 이것은 신학적으로 중대한 문제이다.

구원에 있어서, 인간 편에서 믿고자 하는 마음이나 결단을 중요하다. 그러나 중생은 성령의 역사가 없이는 불가능하다. 한 사람이 복음의 말씀을 들을 때 성령께서 역사하셔서 믿음이 생기게 되고 믿을 때 ＿＿＿＿＿＿＿＿＿＿로 중생하게 된다. 성령께서 죄와 복음을 깨닫게 하시고 인간이 믿기로 결단하면 동시에 스파크가 일어나 믿어지는 것이다. 억지로 믿는 것과 믿어지는 것은 상당한 차이가 있다.

본인은 자신이 구원받은 것이 아니라고 하는데 상담자가 구원을 선포해 버리는 것이 엄청난 잘못이다. 본인이 계속 구원문제로 고민을 해 보아야 한다. 끝까지 고민하다보면 분명히 하나님께서 만나주신다. 그때 구원이 이루어지는 것이다.

성령의 역사 + 인간의 반응 = 구원

사도행전 16장 31절을 풀어서 설명한다면 "주 예수를 믿으라 그리하면 성령께서 너와 네 집을 구원으로 인도하시리라"고 표현할 수 있을 것이다. 성경적인 구원은 알미니안주의도 아니고 칼빈주의도 아니고 이 두 가지가 조화를 이루어야 한다. 인간을 향한 성령역사에 대해 인간 편에서 긍정적인 반응이 있을 때 구원이 이루어진다.

5장 구원상담자의 자격

모든 그리스도인은 거듭나는 순간부터 복음을 전해야 한다. 신앙이 다 자란 후에 하는 것이 아니라 거듭난 직후부터 그 수준에 맞게 복음을 전해야 한다. 구원상담자가 되기 위해서는 먼저 몇 가지 자격을 갖추어야 한다.

헨리에타 미어즈는 구원상담자가 갖추어야할 자격에 대해 이렇게 말한다.

구원상담자는 성령의 인도를 받는 사람이어야 한다.
구원상담을 할 때만 아니라 모든 일에서 성령의 인도를 받아야 한다.
구원상담자는 _____ 것이 아니라 훈련으로 만들어진다.
훈련을 받을 의지만 있다면 누구나 구원상담자가 될 수 있다.
구원상담자는 자신이 있는 곳이 바로 출발점이다.
고향에서 선교사가 아니라면 바다 건너에서 선교사가 될 수 없다.
구원상담자는 성령의 인도를 받되 성령의 인도하심에 민감해야 한다.
그분의 주도하심보다 앞서 나가지 말아야 한다.
성령께서는 구원상담자의 마음뿐만 아니라
그가 성령님의 인도함을 받아 다가가는 상대방 안에서도 일하고 계심을 믿어야 한다.
그리고 상대방이 처한 자리에서 시작하되 상대방의 관심사와 지식에서 출발해야 한다.
상대방이 복음의 핵심에서 벗어나지 않게 해야 한다.
상대방을 논리적으로 설득하려들지 말아야 한다.
상대방이 예수 그리스도가 아니라 복음의 지식을 받아드려서는 안 된다.
예수 그리스도께서 구원상담자를 어떻게 구원해 주셨는지 말해야 한다.
복음을 설명할 때에는 상대방이 스스로 성경 구절을 읽게 해야 한다.
구원상담자가 조바심을 내지 말고 성령 하나님께서 상대방의 마음에서 일하시게 해야 한다.

구원상담자 자신이 아니라 성경 말씀과 성령 하나님을 의지하여 구원상담을 해야 한다.

1. 먼저 거듭나야 한다.

우리가 탁월한 구원상담자가 되려면 먼저 자신이 구원받은 사실이 있어야 한다. 영적으로 거듭난 사실이 없다면 소경이 소경을 인도하는 것과 같다. 결국 구원상담을 하는 사람이나 불신자 모두가 구덩이에 빠지고 만다. 그래서 예수님은 말씀하신다.
"또 비유로 말씀하시되 맹인이 맹인을 인도할 수 있느냐 둘이 다 구덩이에 빠지지 아니하겠느냐"(눅 6:39)
그러므로 거듭난 사실이 없는 사람은 다른 사람에게 구원의 길을 보여줄 수 없다.

2. 예수님과 올바른 관계에 있어야 한다.

거듭나긴 했지만 내 생활이 예수님 보시기에 청결하지 못하고 죄 가운데 살아간다면 그는 하나님께 쓰임 받을 수 없다. 그래서 성경은 "내가 나의 마음에 죄악을 품었더라면 주께서 듣지 아니하시리라"(시 66:18)고 했다.
그러므로 구원상담자는 모든 은밀한 죄나 잘못된 생각까지도 예수님께 자백하고 정결함을 받아야 한다. 하나님께 쓰임 받는 구원상담자가 되려면 먼저 자신이 _____ 한다.
사도 바울은 하나님께 쓰임 받는 사람을 이렇게 소개한다.
"그러므로 누구든지 이런 것에서 자기를 깨끗하게 하면 귀히 쓰는 그릇이 되어 거룩하고 주인의 쓰심에 합당하며 모든 선한 일에 준비함이 되리라"(딤후 2:21)

3. 영혼을 사랑해야 한다.

한 영혼이 천하보다 더 귀하다는 사실을 알고 그 영혼을 사랑해야 한다. 그 영혼에 대한 부담감을 가지고 눈물을 흘리며 기도해야 한다. 하나님은 영혼을 사랑하는 사람에게 영혼을 맡기신다. 한 영혼이 얼마나 소중한지 예수님은 이렇게 말씀하셨다.
"사람이 만일 온 천하를 얻고도 제 목숨을 잃으면 무엇이 유익하리요 사람이 무엇을 주고 제 목숨과

바꾸겠느냐"(마 16:26)

예수님은 영혼들을 위해서 십자가에서 피 흘려 죽으셨다. 예수님이 영혼을 사랑하신 것처럼 우리도 영혼을 사랑할 때 구원상담자로 쓰임 받을 수 있다. 전도자는 영혼을 불쌍히 여기는 사람이다. 사도 바울은 이렇게 고백한다.

"내가 그리스도 안에서 참말을 하고 거짓말을 아니하노라 나에게 큰 근심이 있는 것과 마음에 그치지 않는 고통이 있는 것을 내 양심이 성령 안에서 나와 더불어 증언하노니 나의 형제 곧 골육의 친척을 위하여 내 자신이 저주를 받아 그리스도에게서 끊어질지라도 원하는 바로라"(롬 9:1-3)

사도 바울은 자신의 형제들과 골육의 친척들이 지옥에 들어가는 것을 매우 안타까워했다. 비록 자신이 저주를 받아 예수님에게서 끊어져 지옥에 들어간다 하더라도 그들이 구원을 받을 수 있다면 그것을 원한다고 말하고 있다. 사도 바울은 진정으로 영혼을 사랑하는 연민의 정이 있었다. 그는 연민의 정을 가지고 영혼을 대하는 사람이었다. 우리도 구원받지 못한 영혼들을 불쌍히 여기는 마음이 있어야 한다. 그래야 구원상담자로서 하나님께 쓰임 받을 수 있다.

4. 순수한 동기로 구원상담을 해야 한다.

우리는 구원상담자로서 무능함을 깨닫고 예수님께서 우리를 사용하시도록 간절히 기도해야 한다. 우리는 다른 사람에게 인정받기 위하여 복음을 전하는 것이 아니고, 나의 신앙을 자랑하거나 과시하기 위해서 전하는 것도 아니다. 오직 예수님을 기쁘게 해 드리기 위해서 영혼들에게 복음을 전하는 것이다. 우리가 교만한 마음을 가질 때 하나님께 더 이상 쓰임 받지 못한다.

예수님께서 우리를 사용하실 때, 우리는 쓰임 받는 것만으로도 만족하고 사용하시는 예수님께 감사해야 한다. 예수님이 우리를 _____ 것이지 우리가 영혼을 구원시키는 것이 아니기 때문이다.

5. 주님을 온전히 의지해야 한다.

우리가 예수님을 떠나서는 아무 것도 할 수 없지만, 예수님을 통해서 우리는 모든 것을 할 수 있다(요 15:5, 빌 4:13). 우리의 지식과 지혜와 능력이나 언변으로는 다른 사람을 구원으로 인도하기보다 설득조차도 하기 어렵다는 사실을 기억해야 한다. 우리의 무능함을 깨닫고 예수님께서 우리를 사용하시도록 간절히 기도하고 예수님을 의지해야 한다. 그래서 사도 바울은 이렇게 고백했다.

"내가 너희에게 나아가 하나님의 증거를 전할 때에 말과 지혜의 아름다운 것으로 아니하였나니, 내 말과 내 전도함이 설득력 있는 지혜의 말로 하지 아니하고 다만 성령의 나타나심과 능력으로 하여"(고전 2:1, 4)

6. 구원의 복음을 _____ 으로 전해야 한다.

나 자신이 구원을 받았어도 복음을 조리 있고 체계적으로 전하지 않으면 구원의 역사가 불가능하지는 않더라도 굉장히 어렵다. 그렇기 때문에 복음을 제시하는 여러 가지 방법 가운데 가장 효과적인 방법을 잘 공부해서 그것을 체계적으로 전하는 게 중요하다. 구원상담의 훈련은 그래서 필요한 것이다.

7. 잃어버린 영혼을 분별할 수 있어야 한다.

세상에는 두 종류의 사람들이 있다. 이미 구원받은 사람과 잃어버린 사람이다. 사실 그리스도밖에 있는 사람은 누구나 다 잃어버린 사람이다. 우리는 종종 이 세상에서 성공한 사람을 만나면 기가 죽는 경우가 있다. 하지만 그 사람이 구원을 받지 못했다면 아무리 많이 배우고 지위가 높은 사람이라도 그 사람은 잃어버린 불쌍한 사람이다.

우리는 세리장 삭개오를 대하는 예수님을 통해서 교훈을 얻어야 한다. 사실 세상에서 성공한 삭개오는 하나님이 필요 없는 것처럼 보였다. 그는 안락한 삶을 즐기는 물질주의자요 전통적인 도덕규범과 종교적 관습을 무시하는 성공한 죄인이었다. 그 시대 사람들에게는 삭개오가 그다지 잃어버린 상태에 있는 것처럼 보이지 않았을 것이다. 그때 예수님은 삭개오가 살고 있던 여리고를 지나가시게 되었다.

그런데 이상한 일이 일어났다. 삭개오에게 그런 마음이 있으리라고는 아무도 생각하지 못했는데, 모든 것을 소유하고 있었던 삭개오가 어떤 갈망에 이끌려 거리로 달려 나와 마침내는 예수님을 보려고 나무 위로 올라간 것이다. 예수님은 지나가던 길을 멈추고 삭개오를 부르며 그를 만나 주셨고 구원해 주셨다. 예수님과 삭개오가 만났을 때 중요한 점은 예수님이 그를 어떻게 보셨느냐는 것이다. 그분은 삭개오를 겉으로 보지 않으셨다. 그분은 삭개오를 깊이 보셨고, 잃어버린 죄인으로 보셨다.

우리도 관심을 가지고 _____ 살펴보면 모든 것을 가지고 있는 것 같지만 진정한 필요가 채워지지 않은 사람들을 볼 수 있다. 예수님이 삭개오를 보셨던 것처럼 우리도 사람들의 내면을 살펴보면 비참한 모습을 발견할 수 있다. 우리가 진정한 관심을 가지고 상대방의 말을 들어보면 그들의 내면의 모습을 읽을 수 있다. 아마 사람들은 삭개오를 바라보고 심리적인 치료를 받아야 한다든가 사회적인 회복을 얻어야 한다고 생각했을 것이다. 하지만 예수님은 삭개오를 보고 그가 하나님으로부터 분리되었기 때문에 잃어버린 사람으로 보셨다. 우리도 그렇게 볼 수 있어야 그들에게 복음을 전할 수 있다.

사도 바울도 모든 사람을 볼 때 구원받은 사람과 구원받지 못한 사람으로 구분해서 보았다. 그러므로 사도 바울은 높고 천한 모든 사람들에게 복음을 전할 수 있었다. 그러므로 그는 사도행전 26장에서 아그립바 왕에게도 복음을 전했던 것이다. 예수님께서도 사도 바울이 복음을 이방인들과 여러 왕들과 이스라엘 자손들에게 전할 사람이라고 소개하셨다.

"주께서 이르시되 가라 이 사람은 내 이름을 이방인과 임금들과 이스라엘 자손들에게 전하기 위하여 택한 나의 그릇이라"(행 9:15)

그러므로 사도 바울은 사람들을 대하는 원리를 이렇게 말했다.
"그러므로 우리가 이제부터는 어떤 사람도 육신을 따라 알지 아니하노라 비록 우리가 그리스도도 육신을 따라 알았으나 이제부터는 그같이 알지 아니하노라"(고후 5:16)

사도 바울은 모든 사람들을 바라볼 때 육신에 따라 평가하기보다는 영적으로 보았던 것이다. 그러므로 우리도 그리스도밖에 있는 모든 사람을 불쌍한 죄인으로 보고 그들에게 관심을 갖고 구원의 복음을 전해 주어야 한다. 그리고 우리가 그리스도밖에 있는 사람들은 누구나 지옥에 들어간다는 사실을 분명히 믿는다면 우리는 복음을 전할 수밖에 없다. 그러므로 우리는 잃어버린 영혼들을 분별할 수 있어야 구원상담을 잘 할 수 있다.

8. 겸손한 사람이 되어야 한다.

로살린 링커(Rosalind Rinker)는 구원상담자의 겸손한 자세에 대해 이렇게 말한다.
"구원상담이란 한 거지가 다른 거지에게 빵을 발견할 수 있는 곳을 말해 주는 것이다. 따라서 우리는 둘 다 거지이다. 상대방 보다 더 거룩한 위치에 서 있는 거지는 없다. 빵을 발견한 거지일지라도 그의 발견이 계급적 지위를 변화시킬 수 없다. 우리가 구원상담자로서 겸손한 자세를 취할 때 상대방이 우리에게 귀를 기울일 것이다. 그렇지 않다면 우리는 이미 상대방을 잃을 것이다."

겸손한 구원상담자는 마음이 상한 자들에게 돌을 던지지 않는다. 이 세상의 문제는 인간이 인간을 비난하고 심판하는 것이다. 그러므로 겸손한 상담자는 "내가 거룩하니 나를 바라보시오."라는 태도로 죄인들에게 나아가지 않는다.

사도 바울은 성숙하고 겸손한 그리스도인의 태도를 소개하고 있다.
"형제들아 사람이 만일 무슨 범죄한 일이 드러나거든 신령한 너희는 온유한 심령으로 그러한 자를 바로잡고 너 자신을 살펴보아 너도 시험을 받을까 두려워하라"(갈 6:1)

그러므로 구원상담자는 우월감이나 다른 사람을 _____ 자세로 복음을 전하지 않는다. 예수님은 삭개오를 심판하지 않으셨다. 그분은 삭개오가 소외된 사람이라는 것을 알고 있었으나 그에게 지옥을 설교하시지 않으시고, 단지 '삭개오야, 내려오너라. 내가 오늘 네 집에 유하여야겠다'라고 말씀하셨다. 예수님의 사랑을 받은 삭개오는 그의 죄를 직시하게 되었고 구원을 찾게 되었다. 예수님은 심판하러 오신 것이 아니고 구원하러 오신 것이다. 그러므로 우리도 이제 다른 사람에게 나아가서 이렇게 말해야 한다.

"나도 당신과 마찬가지입니다. 우리는 모두 다 실패했습니다. 나는 당신과 같습니다. 나는 가면을 벗고 내 실패와 편견을 인정했습니다. 그러므로 내가 아니라 빛 되신 예수 그리스도를 당신에게 소개하기 원합니다. 나는 온전한 사람이 못됩니다. 나는 아직 완전해진 것이 아닙니다. 그러나 예수님 덕분에 예전과는 많이 달라졌습니다."

이것이 구원상담을 통해 복음을 전하는 사람의 진정한 태도이다. 그리고 우리는 복음을 소개하는 사람이지 심판자가 아니다. 복음을 전하는 것은 우리의 책임이고, 심판을 하는 것은 하나님의 책임이라는 사실을 명심하고 우리는 구원상담자로서 겸손해야 한다.

6장 구원받은 증거

한 사람이 참으로 예수님을 영접하고 구원을 받았는지 안 받았는지 다른 사람이 알 수 있는가? 구원받는 것은 그 자체가 영적인 상태이고, 또 하나님과의 관계에 대한 변화이기 때문에 외적으로 보아서는 금세 알 수 없는 경우도 있다. 그러나 구원받은 사람에게는 구원받은 직후부터 여러 가지 _____ 가 나타나기 때문에 그 변화의 증거를 통해 그 사람이 참으로 구원을 받았는지 아닌지를 알 수 있다.

여기서 우리가 한 가지 주의해야 할 것은 인간의 한계 때문에 어떤 사람이 구원을 받았는지의 여부를 100% 정확하게 알 수는 없는 경우도 있다는 사실이다. 그러나 의사가 숙련되어 감에 따라 오진 율이 줄어들듯이 구원상담자도 계속 숙련되면 영적 오진 율이 감소하게 될 것이다.

의사들은 대부분 환자가 병원에 오면 문진을 통해 환자의 병을 진단한다. 환자가 자신의 문제를 정확하게 모를 수 있기 때문에 의사는 병의 증상을 잘 알고 진찰을 통해 진단을 해야 한다. 요로결석의 경우도 허리가 끊어질듯이 아픈 증상이 있다. 이때 잘못된 의사는 장염이라고 진단을 내릴 수도 있다. 하지만 미리 요로결석의 증상이 어떠한지 잘 알고 있는 의사라면 소변검사와 엑스레이 검사를 통해 정확한 진단을 내릴 것이다.

그러므로 구원상담자도 영적인 의사로서 그 사람이 진정으로 구원을 받은 사람인지 아니면 구원을 받지 않았는지를 진단해야 한다.

인간은 누구나 구원을 받으면 내적변화와 외적변화가 일어난다. 내적변화는 즉각적으로 나타나고, 외적 변화는 즉각적으로 나타나는 경우도 있고, 점진적으로 나타나는 경우가 더 많이 있다.

A. 모든 변화가 다 구원인가?

누구나 구원을 받으면 변화되는 것은 분명하지만 모든 변화가 다 구원은 아닌 것이다. 우리는 사람이 구원을 받지 않고도 어떤 변화를 경험할 수 있다는 것을 이해해야 한다. 어떤 사람이 어떤 위기에 처해 있다가 이래서는 안 되겠다고 결단을 내리고 어떤 행동을 하기로 결심하고 실행에 옮기면 구원을 받지 않고도 얼마든지 변화되는 경우도 있다. 다른 종교를 믿고 변화되는 경우도 있다. 사랑하는 청춘남녀가 만나 사랑에 빠져도 변화되는 경우가 있다.

그러므로 우리는 구원의 _____ 이해해야 한다.
그것은 과거형의 구원 칭의와 현재형의 구원 성화와 미래형의 구원 영화이다. 이 구원의 3시제를 통해 우리는 변화를 온전히 이해할 수 있다.

첫째, 과거형의 구원 칭의는 죄의 형벌로부터 구원받는 것으로 이 구원은 우리의 영혼만 구원받는 것이지 몸이 구원받는 것은 아니다.
그러므로 우리의 몸은 여전히 죄의 영향을 받으며 나중에 죽으면 영혼은 천국에 들어가지만 우리의 몸은 땅에 들어가게 된다.

둘째, 현재형의 구원 성화는 죄의 세력으로부터 구원을 받는 것이다.
이 구원은 생활의 구원으로 점진적으로 서서히 이루어진다. 우리는 하루아침에 죄를 다 이기고 변화되는 것은 아니다.

셋째, 미래형의 구원 영화는 죄의 존재로부터 구원을 받는 것으로 우리의 몸까지 죄로부터 완전히 구원받는 것이다.
이때 우리의 몸은 장애까지도 다 풀리게 되어 영원히 구원이 완성되는 것이다. 그러므로 우리는 미래에 우리의 몸이 부활할 때 완벽하게 변화되고, 지금은 성화의 구원을 이루어나가고 있어 아직은 온전히 변화될 수 없는 것이다.

B. 왜 변화가 일어나야 하는가?

구원받은 사람은 반드시 진실한 회개를 하고, 분명히 주님을 만난 순간이 있고, 주님을 만난 직후에 분명한 변화를 경험하고, 계속해서 변화된 삶을 살아간다.

1. _____ 증거

성경은 우리가 구원을 받으면 변화된 삶을 살아간다고 상당히 명확하게 말한다.

첫째, 하나님의 성령이 임했기 때문에 변화가 일어난다.
"만일 너희 속에 하나님의 영이 거하시면 너희가 육신에 있지 아니하고 영에 있나니 누구든지 그리스도의 영이 없으면 그리스도의 사람이 아니라"(롬 8:9)

둘째, 새로운 피조물이 되었기 때문에 변화가 일어난다.
"그런즉 누구든지 그리스도 안에 있으면 새로운 피조물이라 이전 것은 지나갔으니 보라 새 것이 되었도다"(고후 5:17).

여기서 '새로운 피조물'은 새로운 창조를 뜻한다. 창세기 1장의 사건이 제1의 창조라면, 영혼이 구원받는 사건은 제2의 창조이며 하나님의 말씀으로 새롭게 창조되는 기적이 일어난다. 구원받은 사람은 더 이상 죄인이 아니라 '이전 것은 지나갔으니'라는 말씀처럼 과거의 삶은 지나가고 구원받은 후 새사람으로서 새로운 삶을 살아간다. 그래서 구원받은 사람은 변화된 삶을 살아간다. 옛것과 새 것은 분명히 다르지 않겠는가?

셋째, 영적으로 죽었다가 다시 살아났기 때문에 변화가 일어난다.
"그는 허물과 죄로 죽었던 너희를 살리셨도다"(엡 2:1)

넷째, 마음의 눈이 장님 상태에 있다가 영적으로 눈이 뜨이게 되었기 때문에 변화가 일어난다.
"만일 우리의 복음이 가리웠으면 망하는 자들에게 가리어진 것이라 그 중에 이 세상의 신이 믿지 아니하는 자들의 마음을 혼미하게 하여 그리스도의 영광의 복음의 광채가 비치지 못하게 함이니 그리스도는 하나님의 형상이니라"(고후 4:3-4)

구원받기 전에는 영적인 것을 볼 수 있는 영안이 없어 영적인 분별력이 없었고, 복음도 이해할 수 없었다. 그 이유는 마귀 사탄이 구원받지 않는 사람의 마음을 혼미케 하였기 때문이다. 여기 '혼미하게 하다'의 문자적 의미는 헷갈리게 하다, 눈멀게 하다는 뜻이다.

그러나 구원을 받으면 영안이 열려 영적인 눈을 뜨게 되고 영적인 분별력이 생겨 변화된 삶을 살아가는 것이다. 장님으로 인생을 살던 사람이 병원에서 안구 이식 수술을 해서 눈을 뜨게 되었다면 새로운 인생을 살지 않겠는가?

마찬가지로 구원받으면 새롭게 변화된 삶을 살아간다.

다섯째, 우리의 지식까지도 새로워졌기 때문에 변화가 일어난다.

"새 사람을 입었으니 이는 자기를 창조하신 이의 형상을 따라 지식에까지 새롭게 하심을 입은 자니라"(골 3:10)

2. 성서적인 예

성경은 예수님을 만나서 _____ 사람들이 완전히 변화된 삶을 살았던 사실을 보여준다. 이제 성경에 등장하는 인물들이 어떻게 예수님을 만나 변화된 삶을 살게 되었는지 살펴보자.

1) 세리장 삭개오(눅 19:1-10)의 변화이다.

세리란 로마인을 위해 세금을 걷는 사람이다. 로마의 법에는 과세의 한도를 제안하는 법이 없었기 때문에 많은 세리들은 무거운 세금을 부과했다. 제도를 악용하여 착취를 심하게 했다. 그들은 악명이 높았다. 그런데 삭개오는 세리장이니, 우두머리로서 아마 지역의 모든 조세를 책임지고 많은 세리들을 거느린 사람이었을 것이다. 그는 소문난 죄인이었다. 예수님이 삭개오의 집으로 들어가자 사람들은 '예수님이 죄인의 집에 들어간다.'고 비웃고 있었다.

"뭇 사람이 보고 수군거려 이로되 저가 죄인의 집에 유하러 들어갔도다 하더라"(눅 19:7).

그러한 삭개오가 예수님을 즐겁게 영접했을 때 예수님은 '오늘 구원이 이 집에 이르렀으니 이 사람도 아브라함의 자손이라'고 축하해 주셨다.

삭개오는 구원받은 후 삶이 완전히 달라졌다. 돈에 가치를 두고 살던 그가 재산의 절반을 팔아 가난한 자들에게 주었다. 이것은 결코 쉬운 일이 아니다. 삭개오는 부자였다(눅 19:2).

요즘 같은 시대에 부자라면 재산이 얼마나 있어야 하는가? 서울에서 2006년도에 10억 정도는 넘어야 부자 측에 들어간다고 발표한 적이 있었다. 그러면 10억 중 절반인 5억을 팔아 나누어준다는 것이 쉬운 일이겠는가? 요즘 부자들 가운데 재산이 100억이 넘는 사람들이 많이 있다. 그 100억의 반을 팔아서 나누어 줄 수 있겠는가?

그러나 삭개오는 가치관이 변화되어 자신의 재산의 절반을 팔아 가난한 사람들에게 나누어 주었다. 잘못된 방법으로 돈을 모아 왔던 그가 이제는 잘못된 방법으로 돈을 착취하면 4배나 배상하겠다고 말했다. 그것은 앞으로 잘못된 방법으로는 돈을 벌지 않겠다는 약속이었다.

삭개오는 이제 분명히 가치관이 변화된 사람이다. _____ 두고 살다가 더 소중한 영적인 가치를 발견했기 때문이다. 삭개오는 구원받고 즉시 그러한 변화를 보였다.
이 얼마나 놀라운 변화인가?
이와 같이 구원받으면 변화가 일어나게 되어 있다.

2) 수가성의 우물가의 여인(요 4:1-42)의 변화이다.

우물가의 여인은 구원을 받기 전에 어떻게 살았는가? 그녀는 도덕적으로 바른 여인이 아니었다. 과거에 남편이 다섯이나 있었고, 지금 있는 남자도 자기 남편이 아니었다(요 4:17-18). 그러한 여인이기 때문에 우물가에 사람들이 오지 않는 시간에 물을 길으러 왔다. 자신에게 문제가 있었기 때문에 사람들을 만나지 않고 외롭게 살던 사람이었다.

그러던 그가 예수님을 만난 후 물동이를 내버려두고 동네에 들어가서 사람들에게 나아갔다. 이것은 실로 엄청난 변화이다. 사람들을 늘 피하던 그녀가 사람들을 적극적으로 만나게 되었다. 성경은 그녀의 변화를 분명하게 언급했다.

"사람들에게 이르되"(요 4:28).

이제 그녀는 변화되어 동네 사람들에게 말한다.

"내가 지금까지 살아오면서 행했던 모든 일을 낱낱이 다 알고 나에게 말한 분이 있어요. 그분이 그리스도 구세주가 아닐까요. 한번 와서 보시고 확인해 보세요."

쉬운 성경은 이렇게 표현한다.

"다 들 와서 좀 보세요. 나의 과거를 죄다 말해준 사람이 있어요. 그분이 그리스도가 아닐까요. 하자"(요 4:29).

이와 같이 예수님을 만나면 변화된 삶을 살게 되어 있다.

3) 사도 바울의 변화 (행 9:1-22)

사도 바울은 과거에 교회와 예수 믿는 사람들을 핍박하는 사람이었지만 다메섹 도상에서 예수 그리스도를 만나고 변화된 삶을 살아간다. 그가 예수를 만나고 일시적으로 눈이 멀었지만 다메섹으로 들어가 아나니아에게 안수를 받고 눈이 뜨게 된다. 이것은 마치 영적으로 막혀 있던 것이 뚫리는 것과 같이 어떤 사람이 구원을 받고 영적으로 눈을 뜨게 되니 성경 말씀이 살아서 눈으로 속속 들어오는 것을 경험하는 것이다.

3. 신학자들의 견해

박형용은 「교의신학」 제 5권 구원론 159페이지에서 이렇게 말했다.

"중생은 지식적, 감정적, 도덕적으로 즉시 모든 사람에게 영향을 미치는 홀연적인 변화이다"

침례교 신학자 스트롱(A. H. Strong)은 구원받은 사람의 변화에 대해 이렇게 말했다.

"중생은 _____ 변화이다. 중생은 점진적으로 서서히 이루어지는 일이 아니다. 변화를 준비하기 위한 하나님의 섭리와 성령의 역사는 점진적으로 일어날 수 있고, 중생이 있기 전과 후에 자신의 중생을 인식하는 것도 서서히 올 수도 있다. 그러나 중생 그 자체는 성령의 영향으로 인해 일어나는 순간적인 일이며, 한 순간 영혼의 성향이 바뀌어 하나님에게 적대적이던 사람이 하나님을 살kd하는 사람이 된다(Systematic Theology, p.826).

침례교 신학자 에릭슨(Millard J. Erickson)은 구원받은 사람의 변화에 대해 이렇게 말했다.
"첫째, 중생은 새로운 그 무엇, 즉, 사람의 자연적 성향의 전체적인 반전을 포함하고 있다. 나아가서 중생 그 자체는 즉각적인 것 같이 보인다. 중생을 묘사함에 있어서 그것이 단일한 행동이 아니라 하나의 과정이라는 암시를 하는 내용은 어디에서도 찾아 볼 수 없다(Christian Theology, pp. 956-57).

장로교 신학자 찰스 하지(Charles Hodge)는 구원받은 사람의 변화에 대해 이렇게 말했다.
"중생은 즉각적이어야 한다. 산 것과 죽은 것 사이에 중간 상태는 없다"(Systematic Theology, p. 688).

장로교 신학자 위필드(B. B. Warfield)는 구원받은 사람의 변화에 대해 이렇게 말했다.
"중생이란 성령 하나님의 역사로 인해(딛 3:5, 엡 4:24) 영혼 속에 일어나는 근본적이고 완벽한 변화이다(롬 12:2, 엡 4:23). 이로 말미암아 우리는 '새로운 사람'(엡 4:24, 골 3:10)이 되어, 더 이상 세상을 따라가는 것이 아니라 지식과 진리의 거룩함으로 하나님의 형상을 따라 다시 지은 바가 된 것이다(Biblical and Theological Studies, p. 351).

역시 장로교 신학자 벌콤(Louis Berkhof)은 구원받은 사람의 변화에 대해 이렇게 말했다.
"중생이란 새로운 영적 생명의 원리가 사람 안에 심어지는 것이며, 영혼의 지배적인 성향이 근본적으로 바뀌는 것이다. 중생은 인간 본성의 즉각적인 변화이며, 즉시 전인적이며, 지적이며 감정적이며 도덕적으로 영향을 미친다"(Systematic Theology, p. 468).

그러므로 예수 믿어 구원받았다고 하면서도 근본적이고 즉각적인 내적변화가 없다면 그 구원은 거짓 구원이다. 사람이 거듭나면 내 노력이나 결심이나 결단 때문에 변화가 일어나는 것이 아니라 성령의 능력으로 말미암아 어느 한 순간을 기점으로 하나님과의 관계가 변하고, 따라서 인격이 변하기 때문에 그 전과는 분명히 다른 삶을 살게 된다. 하지만 하나님의 생명이 없는 사람은 진정한 변화가 일어나지 않는다. 삶은 콩에다가 적당한 온도를 조절하고 깨끗한 물을 아무리 많이 주어도 콩나물로 자라지 않는 것과 같다.

어떤 사람이 구원을 받으면 그 즉시 "이것이 구원이구나" 하고 깨달아진다. 마음속에 있는 하수도 구멍이 뻥하고 뚫린 것과 같다. 어깨에서 무거운 짐을 내려놓은 기분을 느낀다. 그리고 가슴이 뜨거워지고 눈물을 흘리며 하나님을 찬양하는 경우도 있다.

C. 구원받은 사람에게 나타나는 변화는 어떤 것이 있는가?

구원받은 사람은 구원받지 못한 사람과 분명히 다른 간증을 가지고 있다. 우리는 이런 간증과 그 후의 삶의 변화를 통해서 어떤 사람이 구원을 받았는지 상당히 정확하게 알 수 있다. 그러나 이것은 어디까지나 구원상담의 경험을 통해서 배운 교훈을 말하는 것이지 절대적이라고 말하는 것은 아니다.

오직 _____ 어떤 사람이 구원받았는지의 여부를 100% 확실하게 아시기 때문이다. 이 부분에 우리는 인간의 한계를 인정해야 한다. 우리가 최선을 다해도 어떤 경우에는 아주 애매해서 구원받았는지의 여부를 분간하기 어려운 경우도 있다.

이제 여러 신학자들의 견해를 살펴보자.

미국 달라스 신학교 설립자 체이퍼(Lewis S. Chafer)와 달라스 신학교 2대 총장인 왈부드(John F. Walvoord)는 구원받은 사람에게 나타나는 몇 가지 변화에 대해 이렇게 말했다.

"하나님에 대한 새로운 인식, 기도에 대한 새로운 인식, 성경에 대한 새로운 이해, 죄에 대한 새로운 인식, 불신자에 대한 새로운 관심, 다른 성도에 대한 새로운 사랑, 그리스도를 닮는 인격, 자신의 구원을 의식하는 것으로 제시했다."(Major Bible Themes, pp. 214-16).

그로마키(Robert Gromacki)와 맥아더(John Macarthur)는 구원받은 사람에게 나타나는 특징을 이렇게 제시했다.

"하나님과의 교제 및 다른 성도와의 교제를 즐기는가? 죄에 대해 민감한가? 하나님의 말씀에 순종하는가? 악한 세상의 것들을 거부하는가? 그리스도의 재림을 고대하는가? 삶에서 죄가 점점 줄어드는가? 다른 그리스도인을 사랑하는가? 하나님으로부터 기도응답이 있는가? 성령의 내적 증거를 체험하는가? 영적 진리와 오류를 구별할 수 있는 분별력이 있는가? 성경의 기본적인 교리가 믿어지는가? 신앙 때문에 받는 고난을 감수하는가?"(Is Salvation Forever?, pp. 177-184, Saved without a Doubt, pp. 67-91)

달라스 신학교 찰스 라이리(Charles C. Ryric) 교수는 구원받은 사람에게 나타나는 변화에 대해 간단하게 소개했다.

"그리스도를 닮은 인격, 선한 행실, 신실한 증인의 삶, 하나님에 대한 찬양, 풍성한 헌금이다"(So Great Salvation, pp. 49-50)

이제 구원받은 사람에게 나타나는 변화를 자세히 살펴보자.

1. 죄에 대한 분명한 인식과 그 해결이 있다

구원받은 사람은 죄에서 구원을 받았기 때문에 죄가 무엇인지 알게 된다. 죄가 얼마나 무서운가를 알게 된다. 그 죄 때문에 하나님 아버지께서 사랑하는 독자 예수님을 희생시키셨다는 사실을 알게 된다. 하나님이 죄를 얼마나 싫어하시는가를 알게 된다. 원죄가 무엇이고 자범죄가 무엇이며, 지옥에 들어가는 _____ 죄가 무엇인지도 분명하게 알게 된다.

사실 많은 사람들은 죄가 무엇인지 알지 못한다. 그저 죄라고 하면 근본적인 죄는 모르고 근본적인 죄 때문에 생기는 자범죄를 생각한다. 자신이 살아오면서 범한 죄들만 생각한다. 그러나 구원을 받으면 죄가 무엇이고, 자신이 어떤 죄에서 구원을 받았으며, 그 죄 문제를 해결하였기 때문에 죄에서 해방된 사실을 알고 있다.

2. 내적인 평안과 기쁨이 있다

기쁨과 평안은 구원받은 자의 가장 큰 특징이다. 구원받기 전에는 마음에 평안이 없던 사람도 구원을 받으면 마음에 참된 쉼을 얻고 평화가 넘치게 된다. 염려, 근심, 걱정이 사라진다. 비록 외적인 조건은 환난과 핍박이 있어도 마음속에 기쁨이 넘치게 된다. 마치 지하수의 물이 밑에서 용솟음치며 올라오듯이 마음 속 깊은 곳에서 기쁨이 넘쳐난다.

예수님은 다음 구절에서 하나님이 주시는 참된 평안을 이렇게 설명하셨다.

"평안을 너희에게 끼치노니 곧 나의 평안을 너희에게 주노라 내가 너희에게 주는 것은 세상이 주는

것과 같지 아니 하리라 너희는 마음에 근심하지도 말고 두려워하지도 말라"(요 14:27).

그러므로 구원받은 사람은 세상의 기쁨과 비교해서 다른 차원의 기쁨이 넘쳐난다. 사도 바울은 구원받지 못한 죄인이 걸어가는 길에는 "파멸과 고생이 그 길에 있어 평강의 길을 알지 못하였고"(롬 3:16-17)라고 소개한다. 죄인의 인생길은 참된 쉼이 없고, 평안이 없고, 오히려 고생과 파멸만 있는 것이다. 하박국 선지자는 무엇 때문에 기뻐하였고 어떠한 상황에서 기뻐하였는가?

"비록 무화과나무가 무성하지 못하며 포도나무에 열매가 없으며 감람나무에 소출이 없으며 밭에 먹을 것이 없으며 우리에 양이 없으며 외양간에 소가 없을지라도 나는 여호와로 말미암아 즐거워하며 나의 구원의 하나님으로 말미암아 기뻐하리로다 주 여호와는 나의 힘이시라 나의 발을 사슴과 같게 하사 나를 나의 높은 곳으로 다니게 하시리로다 이 노래는 지휘하는 사람을 위하여 내 수금에 맞춘 것이니라"(합 3:17-19)

하박국 선지자가 겪었던 곤경을 우리 시대에 적용해보면 그는 완전히 망한 사람이다. 농사를 짓는 사람이라면 농사가 망한 것이요, 사업을 하는 사람이라면 사업이 망한 것이요, 장사하는 사람이라면 장사가 망한 것이다. 그러한 곤경에서 하박국 선지자는 기뻐하였던 것이다. 사업에 성공해서가 아니라 하나님 때문에 기뻐하였고, 그분이 자신의 아버지가 된다는 사실 때문에 기뻐했고, 하나님이 자신의 구원의 하나님이 되시기 때문에 기뻐했고, 자신이 구원을 받았기 때문에 기뻐했다.

사실 구원받은 사람은 모든 것이 다 망해도 망한 것이 아니다. 자신이 하나님의 자녀이기 때문에 어떤 상황에서도 망하지 않는다. 그래서 구원받으면 어떤 상황에서도 기뻐하며 평안을 누리게 된다.

3. 말씀에 대한 새로운 이해와 말씀을 사모한다.

다윗은 자신이 경험한 하나님의 말씀의 맛에 이렇게 표현한다.

"주의 말씀의 맛이 내게 어찌 그리 단지요 내 입의 꿀보다 더 다니이다"(시 119:103).

성경은 너무나 방대한 책이다. 신약은 27권, 구약은 39권, 모두 합하면 66권의 책이다. 방대한 성경을 이루기 위해 1,600년이라는 기간이 걸렸다. 구약 창세기를 모세가 기록한 때부터 사도 요한이 요한계시록을 기록한 때까지의 기간이 1,600년이 걸렸다. 이러한 성경이기 때문에 그것을 전부 이해하기는 어렵다. 특히 예언서의 경우는 더 어렵다. 성경은 주후 100년경에 이미 기록이 끝났다. 성경기록이 끝난 시점에서 오늘의 현대와의 시대적 간격이 무려 약 2,000년이나 된다. 성경이 기록된 당시와 오늘의 현대를 비교해 보면 모든 것이 달라지고 변했다. 사회, 문화, 언어, 풍습 등 다양하게 변했다. 그래서 성경은 이해하기가 어려운 책이다.

그러나 구원을 받으면 말씀을 이해할 수 있는 이유는 성경의 진정한 저자이신 성령께서 구원받은 사람의 마음에 들어와 내재하시면서 말씀을 깨닫게 해주시기 때문이다. 그 성령께서 우리의 스승이시다. 다음 구절은 이 점을 명확하게 뒷받침해준다.

"그러나 진리의 성령이 오시면 그가 너희를 모든 진리 가운데로 인도하시리니 그가 스스로 말하지 않고 오직 들은 것을 말하며 장래 일을 너희에게 알리시리라"(요 16:13).

그래서 구원받은 사람은 성경이 이해가 되고 깨닫게 되니 더욱 말씀을 사모하고, 성경말씀을 열심히 읽고, 말씀을 듣기 위해서 예배에 열심히 참석하고, 말씀을 배우기 위해서 성경을 열심히 공부하고, 말씀을 다른 사람에게 전하게 된다.

4. 구원받지 못한 영혼에 대한 관심이 있다

구원받은 사람은 자신이 어떤 처지에서 구원을 받았는지 알고 있기 때문에 다른 영혼에게 관심을 가지고 복음을 전한다. 사람이 구원받지 못하면 행복한 삶을 살지 못하고 나중에는 무서운 지옥에서 하나님으로부터 영원히 _____ 고통을 당한다는 것을 알기 때문에 복음을 전하게 된다.

구원받은 사람은 다른 영혼에게 관심을 가지고 가장 놀라운 예수님을 소개하며, 가장 놀라운 하늘나라를 소개하게 된다.

5. 하나님과 하나님의 자녀들을 사랑한다.

하나님의 사랑과 은혜로 구원을 받았기 때문에 당연히 하나님을 사랑하고 하나님의 자녀들인 형제자매들을 사랑하게 된다. 우리는 구원받기 전에 사랑이 무엇인지 몰랐던 사람들이다. 하지만 예수님이 우리를 위해서 돌아가신 _____ 을 통하여 우리는 사랑을 배우게 되었다. 다음 구절의 역사 속으로 들어가 보자.

"그가 우리를 위하여 목숨을 버리셨으니 우리가 이로써 사랑을 알고 우리도 형제들을 위하여 목숨을 버리는 것이 마땅하니라"(요일 3:16)

우리는 참되고 진실한 사랑을 십자가의 사건을 통하여 배웠다. 만약에 십자가의 사건이 없었다면 우리는 참된 사랑을 배우지 못했을 것이다. 하나님은 십자가의 사건을 통해 우리에게 사랑이 무엇인지 가르쳐주셨다.
이보다 더 성경적인 선포가 또 있을까?

"하나님의 사랑이 우리에게 이렇게 나타난바 되었으니"(요일 4:9-10).

십자가의 사건이 없었다면 하나님의 사랑은 나타나지 않았을 것이다. 성경은 다시 선포한다.
"하나님이 자기의 독생자를 세상에 보내심은 저로 말미암아 우리를 살리려 하심이니라"

이 말씀에 의하면 우리는 죽어 있었다. 아니 영원한 사망인 지옥형벌을 받을 수밖에 없는 처지에 놓여 있었다. 하지만 하나님은 우리를 버려두지 않으시고, 오히려 관심을 가지고 우리를 살리려고 그 아들 독생자 예수님을 보내주셨다.
이것이 하나님의 사랑이다.

"사랑은 여기 있으니 우리가 하나님을 사랑한 것이 아니요 오직 하나님이 우리를 사랑하사 우리 죄를 위하여 화목제로 그 아들을 보내셨음이니라"(요일 4:10)

이 얼마나 당당한 선포인가? '사랑은 여기 있으니' 당신은 진정한 사랑을 찾고 있는가? 그렇다면 당신은 십자가에서 진실한 사랑을 찾아야 한다. 우리 구원받은 사람은 하나님의 사랑을 깨닫고, 배우고, 믿은 사람들이다. 그래서 우리도 하나님을 사랑한다. 사랑은 사랑을 요구하기 때문이다. 누구나 진실한 사랑을 받으면 진실한 사랑을 실천할 수 있다.

"우리가 사랑함은 그가 먼저 우리를 사랑하셨음이니라"(요일 4:19).

구원받은 사람은 하나님만 사랑하는 것이 아니라 하나님의 자녀들인 형제자매도 사랑하게 된다. 누가 하나님께 속한 사람인가? 누가 빛 가운데 거한 사람인가? 누가 사망에서 벗어나 생명에 들어간 사람인가? 반대로 누가 마귀에게 속한 사람인가? 누가 어둠 가운데 속한 사람인가? 누가 사망에 머물러 있는 사람인가? 누가 살인하는 자인가? 누가 눈이 멀었는가? 이 모든 차이는 '믿는 형제자매들을 사랑하는가? 사랑하지 못하는가?'의 차이에 있다.

다음 구절들은 이 점을 명확하게 뒷받침해준다.

"이러므로 하나님의 자녀들과 마귀의 자녀들이 나타나나니 무릇 의를 행치 아니하는 자나 또는 그 형제를 사랑치 아니하는 자는 하나님께 속하지 아니하니라, 빛 가운데 있다 하며 그 형제를 미워하는 자는 지금까지 어두운 가운데 있는 자요 그의 형제를 사랑하는 자는 빛 가운데 거하여 자기 속에 거리낌이 없으나 그의 형제를 미워하는 자는 어두운 가운데 있고 또 어두운 가운데 행하며 갈 곳을 알지 못하나니 이는 어두움이 그의 눈을 멀게 하였음이니라, 우리가 형제를 사랑함으로 사망에서 옮겨 생명으로 들어간 줄을 알거니와 사랑치 아니하는 자는 사망에 거하느니라 그 형제를 미워하는 자마다 살인하는 자니 살인하는 자마다 영생이 그 속에 거하지 아니하는 것을 너희가 아는 바라, 우리가 하나님을 사랑하고 그의 계명들을 지킬 때에 이로써 우리가 하나님의 자녀 사랑하는 줄을 아느니라."(요일 3:10, 2:9-11, 3:14-15, 5:2).

우리가 형제자매들을 사랑하는 것이야말로 _____ 증거이다. 진정한 사랑은 구원받은 사람들이 실천할 수 있기 때문이다. 본래 인간은 참된 사랑을 실천할 수 없었다. 사랑은 하나님께 속한 것이기 때문에 우리가 구원을 받을 때 하나님의 사랑을 체험하고 배워서 그 사랑을 실천하게 될 것이다. 하나님은 사랑의 동기에 대해 말씀하신다.

"사랑하는 자들아 우리가 서로 사랑하자 사랑은 하나님께 속한 것이니 사랑하는 자마다 하나님께로 나서 하나님을 알고, 어느 때나 하나님을 본 사람이 없으되 만일 우리가 서로 사랑하면 하나님이 우리 안에 거하시고 그의 사랑이 우리 안에 온전히 이루느니라."(요일 4:7, 12).

그래서 구원받은 사람은 하나님뿐만 아니라 다른 사람도 사랑하는 것이다.

6. 하나님의 뜻과 말씀을 따르고 순종한다.

우리가 구원을 받으면 예수님을 우리의 삶의 주인으로 모시고 섬기게 된다. 예수님을 삶의 주인으로 모신 사람은 하나님 말씀에 _____ 마음이 생긴다. 그러나 자신이 구원을 받았다고 하면서 하나님을 따르지도 않고 하나님의 말씀에 순종하지 않는다면 그 구원은 참된 구원이 아니다. 이것은 우리가 천국 가는 자격을 얻기 위해서 순종하는 것이 아니라 은혜에 보답하는 마음으로 순종해야 하는 것이다.

기독교와 불교의 차이가 무엇이겠는가? 기독교는 신앙생활을 처음에 시작할 때 엄청난 구원을 받고 시작한다. 하지만 불교는 그 구원을 얻기 위해서 시작하는 것이다. 선한 행동을 왜 하는가? 기독교는 구원을 받았기 때문에 감사해서 하나님께 보답하기 위해서 하지만 불교는 그 구원을 이루고 마지막 경지에 도달하기 위하여 하는 것이다. 그러나 중요한 것은 아무리 노력해도 도달할 수 없는 것이 불교의 구원이요, 인간의 종교이다.
그래서 기독교는 독선처럼 보인다. 예수님은 다음 구절에서 위대한 선언을 하셨다.

"내가 유일한 길이다. 나 외에는 다른 길이 없다"(요 14:6).

사도 바울도 이 점에 대해 언급했다.
"천하 인간에 구원을 얻을 만한 다른 구원자를 주신 적이 없느니라."(행 4:12).

그래서 구원받은 사람은 삶 가운데서 하나님을 섬기고 하나님께 순종하는 것이다.
다음 구절에 나오는 메시지에서 우리는 그 사실을 본다.
"우리가 그의 계명을 지키면 이로써 우리가 저를 아는 줄로 알 것이요, 저를 아노라 하고 그의 계명을 지키지 아니하는 자는 거짓말하는 자요, 진리가 그 속에 있지 아니하되 누구든지 그의 말씀을 지키는 자는 하나님의 사랑이 참으로 그 속에서 온전케 되었나니 이로써 우리가 저안에 있는 줄을 아노라. 저 안에 거한다 하는 자는 그의 행하시는 대로 자기도 행할지니라"(요일 2:3-6)

만약에 우리가 하나님의 계명을 지키지 않으면 우리는 하나님을 모르는 것이다. 하나님을 모르면 당연히 구원받은 것이 아니다. 구원받은 사람은 하나님의 참된 사랑을 온전히 깨달았기 때문에 말씀에 순종하고 지키는 것이다. 그러나 말씀을 순종하지 않는 사람은 거짓말하는 자요, 참된 진리가 없는 구원받지 못한 사람이다. 그래서 구원을 받았다면 말로 시인하는 것보다 행함으로 시인해야 한다. 다음 구절에 나오는 메시지에서 우리는 그 진리를 본다.

"저희가 하나님을 시인하나 행위로는 부인하니 가증한 자요 복종치 아니하는 자요 모든 선한 일을 버리는 자니라"(딛 1:16).

7. 다른 성도들과 교제를 즐긴다.

구원받은 사람은 다른 형제자매들을 사랑하고 함께 말씀을 나누며 서로 기도하며 교제를 즐긴다. 서로 _____ 때문이다. 그러나 불신자는 진정한 교제가 안 된다. 서로 영이 다르기 때문이다. 불신자는 영적인 일에 대해서 이해가 되지 않고 깨닫지도 못한다. 다음의 말씀은 의심할 나위없는 성경의 메시지이다.

"육에 속한 사람은 하나님의 성령의 일을 받지 아니하나니 저희에게는 미련하게 보임이요 또 깨닫지도 못하나니 이런 일은 영적으로라야 분변 하느니라"(고전 2:14). 여기에서 말하는 '육에 속한 자'란 구원받지 못한 불신자를 말한다. 그러니 불신자와 신자는 서로 통할 리가 없다.

믿는 사람들은 서로 통한다. 그들은 하나님의 말씀을 믿고 배우기 때문에 성경적인 사고를 한다. 생각이 같고 관심이 같으며 행동도 같다. 그래서 교제가 이루어진다. 그러면 믿는 형제자매들만 사랑하고 믿지 않는 사람들은 사랑하지 말고 사귀지 말라는 뜻인가? 결코 믿지 않는 사람을 무조건 사귀지 말라는 것은 아니다. 만약 그들을 사귀지 않으려면 세상 밖으로 나가야 한다. 다음 구절은 이 점을 뒷받침해준다.

"이 말은 이 세상의 음행하는 자들이나 탐하는 자들과 토색하는 자들이나 우상 숭배하는 자들을 도무지 사귀지 말라 하는 것이 아니니 만일 그리하려면 세상 밖으로 나가야 할 것이라"(고전 5:10).

8. 세상과 구별된 삶을 살아간다.

하나님은 분명하게 말씀하고 계셨다.

"이 세상이나 세상에 있는 것들을 사랑치 말라 누구든지 세상을 사랑하면 아버지의 사랑이 그 속에 있지 아니하니 이는 세상에 있는 모든 것이 육신의 정욕과 안목의 정욕과 이생의 자랑이니 다 아버지께로 쫓아 온 것이 아니요 세상으로 쫓아 온 것이라"(요일 2:15-16).

여기에 등장하는 '세상'이란 사람이 사는 세상이나 창조된 물질세계가 아니라 사탄에 의해 지배받고 하나님과 의를 거스른 죄 된 세상, 혹은 죄의 영역을 가리킨다. 이 말씀은 죄가 인간에게 어떻게 다가오는지 설명해 준다. 마귀 사탄은 옛날이나 지금이나 동일한 방법으로 사람들을 유혹한다. 육신의 정욕과 안목의 정욕과 이생의 자랑으로 유혹한다. 육신의 정욕은 육신에 호소하는 것이요, 안목의 정욕은 우리의 눈에 호소하는 것이요, 이생의 자랑은 이 세상의 명예에 호소하는 것이다.

마귀 사탄은 일류의 조상 아담에게 동일한 방법으로 유혹하였다. 육신의 정욕에 해당하는 '먹음직'하고, 안목의 정욕에 해당하는 '보암직'하고, 이생의 자랑에 해당하는 '지혜롭게 할 만큼 탐스럽기도 한 나무'를 통해서 유혹하고 공격하였다. 마태복음 4장에서 마귀 사탄은 예수님은 유혹할 때도 이 세 가지 방법을 사용했으나 예수님은 말씀에 무장되어 있어서 그 유혹을 물리치셨다.

오늘날도 동일한 방법으로 마귀 사탄은 역사하고 있다.
흔히 이 세 가지를 이성의 문제, 황금의 문제, 영광의 문제로 분류한다.
이성의 문제는 육신의 정욕에 호소하는 성적인 문제와 쾌락을 추구 하는 부분에 사탄이 유혹하고 있다. 황금의 문제는 물질과 부의 문제로 사탄이 유혹하고 있다. 영광의 문제는 명예와 연관하여 유혹하고 있다. 그래서 구원받은 사람은 이러한 세상과 구별된 삶을 살아간다.

9. 죄를 습관적으로 범하지 않는다.

구원받은 사람이 죄를 범할 수 있는가? 물론 죄를 범할 수 있다. 그러나 계속적으로, 습관적으로 죄를 범한다면 그 사람의 구원은 문제가 있다. 하나님의 말씀에 귀 기울려보라.

"하나님께로서 난 자마다 범죄치 아니하는 줄을 우리가 아노라"(요일 5:18).

자신이 실수로 죄를 범하고, 자신이 죄를 지은 것을 안타까워하며, 그 죄를 자백할 수는 있다. 그러나 구원받은 사람은 고의적으로, 또는 습관적으로 죄를 계속 범할 수는 없다. 왜냐하면 죄가 얼마나 무서운가를 알기 때문이다. 그 죄 때문에 예수님이 죽으셨다는 것을 알기 때문이다. 사실 인간이 죄를 범하지 않았다면 예수님은 십자가에서 죽을 이유가 없었다. 하나님이 죄를 얼마나 싫어하시면 예수님이 세상 죄를 지셨을 때, 비록 예수님이 자신의 하나밖에 없는 독생자였지만 하나님 아버지는 그 순간은 예수님을 버리셨다.

당신은 예수님의 고통의 절규를 들어 보았는가? 그것도 큰 소리의 절규를! 예수님은 십자가에 매달려 크게 소리 지르셨다.

"엘리 엘리 라마 사박다니"

이것은 "나의 하나님 나의 하나님 어찌하여 나를 버리셨나이까?"(막 15:34)라는 뜻이다.

예수님이 돌아가시던 그날 하늘은 빛을 내지 않았다. 아마 이것은 하나님 아버지가 아들을 사랑하시지만 죄는 미워하시기에, 그 순간 예수님이 세상 죄를 다 지셨기 때문에, 그 예수님에게서 얼굴을 돌렸다는 의미일 것이다. 성경은 이러한 사실을 입증해 준다.

"제 육시로부터 온 땅에 어두움이 임하여 제 구시까지 계속하더니"(마 27:45).

하나님은 그만큼 죄를 싫어하시기 때문에 구원받은 사람은 죄를 미워하고, 멀리하며 습관적으로 죄를 범하지 않는다. 그러므로 자신은 구원받은 사람이라고 말은 하지만 계속 어둠 가운데 행하면 그 사람은 구원받은 사람이 아니다.

"만일 우리가 하나님과 사귐이 있다 하고 어두운 가운데 행하면 거짓말을 하고 진리를 행치 아니함이거니와 저가 빛 가운데 계신 것같이 우리도 빛 가운데 행하면 우리가 서로 사귐이 있고 그 아들 예수의 피가 우리를 모든 죄에서 깨끗하게 하실 것이요"(요일 1:6-7).

어둠 속에서 행하는 것은 그리스도를 따르는 것이 아니며 생활 속에서 계속 죄를 범하는 것이다. 그러나 구원받은 사람은 어둠에서 빛으로 옮겨진 사람이다. 그러므로 더 이상 어둠 속에서 방황하지 않는다. 단호한 말씀이 아닌가?

"너희가 전에는 어두움이더니 이제는 주 안에서 빛이라 빛의 자녀들처럼 행하라, 형제들아 너희는 어두움에 있지 아니하매 그 날이 도적같이 너희에게 임하지 못하리니, 예수께서 또 일러 가라사대 나는 세상의 빛이니 나를 따르는 자는 어두움에 다니지 아니하고 생명의 빛을 얻으리라"(엡 5:8, 살전 5:4, 요 8:12).

그러므로 구원받은 사람은 빛 가운데 행하기 때문에 죄를 습관적으로 범하지 않는다.

10. 내적으로 그리스도가 계신다는 사실을 체험한다

"그의 성령을 우리에게 주시므로 우리가 그 안에 거하고 그가 우리 안에 거하시는 줄을 아느니라" (요일 4:13).

구원받은 사람은 자신의 삶 가운데서 예수님과 동행하며 그분을 섬기고 그분의 인도를 받는다. 기도를 통하여 그분과 대화하며 삶 가운데서 그분이 함께 하시는 것을 체험하고 감사하게 된다. 구원받은 사람은 성령의 인도함도 받는다. 성령께서 인도해 주지 않고 전혀 성령을 체험하지 못한다면 과연 하나님의 자녀이겠는가? 바울은 이 점을 분명하게 말한다.

"성령이 친히 우리 영으로 더불어 우리가 하나님의 자녀인 것을 증거하시나니" (롬 8:16).

누가 과연 하나님의 아들인가? 하나님은 상당히 명확하게 말씀하신다.

"무릇 하나님의 영으로 인도함을 받는 그들은 곧 하나님의 아들이라" (롬 8:14).

구원받은 사람은 반드시 기도의 응답을 받는다. 자녀이기에 당연히 기도응답을 받는다. 구원받은 사람은 세상으로부터 미움을 받는다. 하나님은 이러한 사실에 대해 말씀하신다.

"너희는 세상에 속한 자가 아니요 도리어 세상에서 나의 택함을 입은 자인고로 세상이 너희를 미워하느니라" (요 15:19).

물론 세상과 타협하며 살아간다면 미움을 당하지 않을 수도 있다. 성경은 명확하게 말씀하신다.

"무릇 그리스도 예수 안에서 경건하게 살고자 하는 자는 핍박을 받으리라" (딤후 3:12).

11. 삶에서 열매를 맺는다.

구원받은 사람은 자신의 삶 가운데서 _____ 을 나타낼 책임이 있다. 열매를 맺는다는 것은 예수님이 우리 삶 속에서 그의 인격을 구현하시며 우리 안에다 그의 생활양식을 심어 주시는 것이다. 구원받은 자가 자신의 삶 속에서 맺을 수 있는 열매는 갈라디아서 5장 22절과 23절에 잘 나타나 있다. 구원받은 사람은 성령을 소유하고 있기 때문이다.

단호한 말씀이 아닌가?

"그의 성령을 우리에게 주시므로 우리가 그 안에 거하고 그가 우리 안에 거하시는 줄을 아느니라"

(요일 4:13).

성령의 열매야말로 성령님이 내주하신다는 증거가 된다. 성령의 열매는 예수님의 인격을 잘 보여준다. 성령의 열매들은 다른 사람과의 관계를 통하여 맺을 수 있음을 보여준다.

사랑은 관계에서 주고받는 것이다. 희락은 바른 관계의 결과이다. 화평은 올바른 관계의 결과이다. 오래 참음은 관계유지를 위하여 사람에 대하여 오래 참는 것이다. 자비는 관계를 가질 때의 태도이다. 양선은 관계에서 나오는 착한 마음이다. 충성은 관계의 방법이다. 상대에게 최선을 다하는 것이다. 온유는 관계 안에서 복종하려는 의지이다. 절제는 관계의 통제이다.

성령의 열매를 통하여 배울 수 있는 중요한 교훈은 어떤 사람이 진정으로 구원받은 사람인가를 구분해 준다. 성령의 열매가 성령을 소유한 사람이 보여줄 수 있는 특징들이기 때문이다. 구원을 받았다는 사람이 삶에서 참지 못하고, 절제하지 못하고, 기뻐하지 못하고, 사랑을 실천하지 않는다면 그 사람의 구원은 의심스러운 것이다. 당신은 구원받은 사람으로서 삶 가운데 성령의 열매를 맺으며 인격적으로 아름답게 변화되고 있는가?

12. 심판에 대한 두려움이 없다.

구원받은 사람은 온전한 사랑을 체험했고, 그 온전한 사랑이 두려움을 내쫓기 때문에 심판에 대한 두려움이 없다. 온전한 사랑 안에는 두려움이 없는 것이다. 그 사람은 자신의 죄 문제를 다 처리한 의인이기 때문에 심판에 대한 두려움이 없다. 구원받은 사람은 분명히 심판이 없다 (요 5:24). 그러면 누가 두려워하는가? 두려워하는 자는 사랑 안에서 온전히 이루지 못한 사람이다. 그래서 죄의 형벌을 받을 수밖에 없다. 그분의 말씀에 귀 기울려보라.

"이로써 사랑이 우리에게 온전히 이룬 것은 우리로 심판 날에 담대함을 가지게 하려 함이니 주의 어떠하심과 같이 우리도 세상에서 그러하니라 사랑 안에 두려움이 없고 온전한 사랑이 두려움을 내어 쫓나니 두려움에는 형벌이 있음이라 두려워하는 자는 사랑 안에서 온전히 이루지 못하였느니라"(요일 4:17-18).

진정으로 구원받은 사람은 자신의 삶에서 반드시 구원받은 증거를 나타낼 수 있어야 한다.

7장 구원이 아닌 것은?

좋은 의사가 되려면 환자의 병에 대한 정확한 진단과 적절한 처방을 할 줄 알아야 한다. _____로서 구원상담자의 역할도 이와 유사하다.

그러므로 우리가 구원상담을 하려면 상대방의 영적 상태를 바로 알아야 한다.

다시 말하면 영적인 진단을 바로 해야 한다는 말이다.

그 사람이 진정 주님을 만난 것인지 아니면 심각한 착각을 하고 있는지 가능하면 정확하게 알 필요가 있다. 그러기 위해서는 영적인 분별력이 있어야 하는데, 이것은 주님과의 깊은 교제, 영적 체험, 성경에 대한 깊은 이해, 오랫동안의 신앙생활과 다양한 구원상담 경험 등을 통해 체득되는 것이다.

그러나 기본적인 원리를 먼저 알고 상대방을 진단해보면 많은 경우에 상대방의 영적인 상태를 분별할 수 있을 것이다.

우리는 영적인 의사로서 과연 상대방이 구원받은 사람인지 스스로 자신을 점검하도록 도와주어야 한다. 그래서 성경은 다음과 같이 명령하고 있다.

"너희는 믿음 안에 있는가 너희 자신을 시험하고 너희 자신을 확증하라"(고후 13:5).

여기서 '시험하라'는 말은 자기 스스로 자신이 구원받은 사람인지 테스트해 보고, 점검해보라는 말이다. 그래서 모든 사람은 자신이 구원을 받았는지 스스로 확인해 보아야 한다.

"나는 과연 구원받은 사람인가?"
"나는 지금 죽어도 천국에 들어갈 수 있는가?"
"예수님이 정말 내 안에 살아 계시는가?"
"나는 언제 예수님을 인격적으로 만난 사실이 있는가?"
"언제 예수님이 나의 모든 죄를 해결해 주셨는가?"

이보다 더 성경적인 명령이 또 어디 있겠는가? 그래서 사도 바울은 이렇게 말한다.

"예수 그리스도께서 너희 안에 계신 줄을 너희가 스스로 알지 못하느냐 그렇지 않으면 버림 받은 자 니라"(고후 13:5)

만약 그 사람이 개인적으로 예수님을 만난 사실이 없다면 그 사람은 버림받은 사람이요, 하나님의 사랑에서 떨어진 사람이다. 그 결과 그 사람은 지옥에 들어갈 수밖에 없다. 그러므로 어떤 사람이 "나는 구원을 받았다, 나는 예수님을 믿는다, 나는 천국에 갈 수 있는 확신이 있다"고 하더라도 그 대답을 액면 그대로 받아드리지 말고 상대방이 어떻게 구원을 받았는지 구원간증을 해달라고 정중하게 요청할 필요가 있다.

"선생님이 어떻게 구원을 받았는지 제가 선생님의 _____을 한번 들어볼 수 있겠습니까?"

그때 그 사람이 참으로 구원받은 사람이라면 자신이 어떻게 구원을 받았는지 그리고 자신이 구원받은 이후에 어떻게 변화되었는지 기꺼이 들려줄 것이다.

그러면 구원이 아닌 경우는 어떤 것들이 있는가?

A. 진단 질문을 해보자

상대방이 교회를 다니지 않거나, 다녀본 적이 없거나, 기타 다른 종교를 갖고 있는 사람이라면 일단 구원받지 않았다고 간주해도 거의 틀림이 없다. 하지만 상대방이 교회를 다닌다고 하면 진단질문을 해보는 것이 좋겠다. 그러므로 상대방에게 조심스럽고, 정중하고, 예의 바르게 다음과 같은 질문을 해보라.

"만약 당신이 지금 이 순간 죽더라도 천국에 갈 확신이 있습니까?"

구원을 받았느냐고 묻지 말고 계속 점검하기 위해 다른 질문을 해보아야 한다.

이에 대한 답변은 대체로 다음과 같은 대답을 할 것이다.

"아니요, 자신이 없습니다."

하지만 성경은 구원받은 사실을 미리 알 수 있다고 말한다.

"내가 하나님의 아들의 이름을 믿는 너희에게 이것을 쓰는 것은 너희로 하여금 너희에게 영생이 있음을 알게 하려 함이라"(요일 5:13)

"죽어봐야 알지요."
사람이 죽은 다음에는 다시 기회가 없다.

"나는 천국에 가려고 노력하고 있어요."
성경은 구원은 하나님의 은혜와 선물로 받는 것이며 인간의 노력으로 받을 수 없다고 말한다 (엡 2:8-9).

"나는 예수 믿고 많이 변했는데요."
모든 변화가 다 구원받은 증거는 아니다. 구원받지 않고 교회만 다녀도 많은 변화가 있을 수 있다. 그러므로 _____ 을 바로 파악해야 한다. 올바른 원인에서 온 변화도 있고, 잘못된 동기에서 온 변화도 있기 때문이다.

"나는 하나님을 사랑하고 그의 뜻대로 살려고 애쓰는데요."
관계를 통한 진정한 사랑이 아니라 혼자서 그냥 짝사랑하는 경우도 있다. 어떤 사람은 예수 없이 하나님만 사랑하는 사람도 있지만 우리가 하나님을 만나는 길은 오직 중보자이신 예수님을 통해서만 가능하다.

"나는 설교를 들을 때 은혜를 많이 받는데요."
어떤 사람들은 드라마나 영화를 보아도 은혜를 받는 경우가 있다.

"나는 말씀이 잘 이해가 되고 깨달아지는데요."
이러한 경우는 구원을 받은 경우도 있고, 구원이 아닌 경우도 있다. 구원이 아닌 경우는 거의 구원받기 직전에 와 있다거나 마음이 준비되어가는 과정이지 아직 구원이 아닌 경우도 있다. 하지만 구원받은 다른 증거가 함께 있다면 구원받은 증거이다.

"나는 하나님이 살아계신 것을 믿는데요."
이것은 마귀 사탄도 믿는 내용이다. 하나님과 개인적인 관계 가운데 있으면서 그것을 믿는다면 그것은 구원이다.

"나는 성경도 믿고 하나님도 다 믿는데요."
이것은 구원받기 전에도 믿을 수 있다.

"나는 모태신자인걸요."
인간의 혈통이나 육정으로 난 것은 구원이 아니다.
"이는 혈통으로나 육정으로나 사람의 뜻으로 나지 아니하고 오직 하나님께로부터 난 자들이니라"(요 1:13)

"나는 불치병에서 치료받은 놀라운 체험을 했어요."
병은 육체의 병이 나은 것이지 그것이 구원은 아니다.

"나는 구원상담을 했는데요."
구원상담을 통해 구원이 이루어지지 않았는데 상담자가 구원을 받았다고 선포하는 경우 상대방은 구원이 이루어지지 않았음에도 불구하고 자신이 구원받은 것으로 착각할 수도 있다.

"나는 복음을 다 알아요, 예수님이 나를 위해 죽으셨다는 것을 다 알아요."
이것은 지식적인 동의이지 구원이 아니다. 진정한 구원은 마음에 이루어져야 한다.

"나는 영접기도를 통해 주님을 영접했어요."
영접기도 자체가 구원은 아니다.
그러므로 이러한 대답을 하는 경우에 그 사람의 구원문제에 대해 의문을 품을 수 있을 것이다. 이런 대답들은 모두 인간 중심적이고, 인간의 관점에서 말하는 것이다. 않고도 위에서 언급한 것들을 다 할 수 있는 것이다. 그러면 왜 교회를 다니면서도 구원을 받지 못하는 경우가 있는가? 본인이 구원받은 것을 착각하는 경우도 있고, 상대방이 구원에 대해 무관심하다보니 그런 경우가 있고, 그 사람이 다니고 있는 교회에서 바르게 가르치지 않기 때문에 그런 경우가 있고, 사탄이 역사하고 있기 때문에 그런 경우가 있을 수 있는 것이다.

B. 거짓 구원

장두만 교수는 그의 저서 "구원, 그것이 알고 싶다"에서 구원이 아닌 거짓 구원에 대해 명확하게 이야기한다(P. 92-98).

"한 영혼이 예수 그리스도를 개인적으로 만나 구원받는다는 것은 참으로 엄청난 특권이며 축복이라 하지 않을 수 없다. 구원이 그렇게 귀하고 소중한 만큼 사탄은 모조품 구원, 가짜 구원을 진짜 구원보다 더 범람하게 해서 사람들을 미혹하고 있다. 그러면 나 자신은 참으로 거듭난 사람인지 아닌지 어떻게 알 수 있는가? 교회를 다니는 사람들 가운데 상당히 많은 사람들이 전혀 구원받은 게 아니면서도 구원받은 것으로 착각하며 살아가고 있다.

다음과 같은 경우는 구원과 아무런 상관이 없다는 사실을 분명히 알아야겠다.

1. 영접기도 자체는 구원이 아니다.

많은 선교단체나 일부 교회에서 10-15분 정도의 짧은 시간 동안 복음을 소개한 후, 스스로 영접기도를 하거나 상담자를 따라서 영접기도를 하게하고, 그 기도가 끝나고 나면 "이제 당신은 구원받은 성도입니다"라는 식으로 말한다. 이것은 참으로 위험하기 그지없는 비성경적인 방법이라고 하지 않을 수 없다. 물론 영접기도를 함으로써 주님을 영접해 구원받는 경우도 있다. 그러나 영접기도를 수십 번 반복했지만 여전히 구원받지 못한 사람도 있다.

그렇기 때문에 '영접기도=구원' 이라는 등식은 성경적으로 볼 때 전적으로 틀린 것이다. 만약 '나는 영접기도를 했으니 구원받았다' 고 믿는 사람이 있다면, 그는 큰 착각 가운데 있는 사람이요, 하나님과는 상관이 없는 사람이다.

2. 복음을 단순히 머리로 이해하고 동의하는 것은 구원이 아니다.

구원받기 위해서는 복음을 _____ 알아야 한다. 이 과정은 반드시 필요하다. 복음에 관한 지식이 전혀 없이는 구원받지 못한다. 그러나 지식 그 자체는 구원이 아니다. 예수를 믿는 것은 머리로 아는 것이 아니라, 마음으로 믿는 것이다. 마음으로 믿는 다는 것은 지, 정, 의 전체로, 다시 말하면 전인격적으로 믿는 것을 의미한다.

그렇기 때문에 지식만의 구원은 가짜 구원이고, 감정만의 구원도 가짜 구원이고, 의지의 결단만으로 주님을 영접한다면 그것 역시 가짜 구원이다. 지, 정, 의가 동시에 작동해서 예수를 믿어야 참으로 믿는 것이다.

3. 성경에 관한 지식의 누적이 구원은 아니다.

어떤 경우에는 구원받지 않고서도 교회에 오래 다니다 보면 성경에 관한 지식도 많아지고, 찬송도 꽤 많이 알게 되고, 교회생활에도 익숙해지고, 생활도 조금 변하게 되니, 이것이야말로 구원받은 증거가 아니겠느냐는 식으로 착각하는 사람들이 있다.

그러나 그것은 지식의 증가이지 참으로 구원받은 것은 아니다. 성경에 관한 지식이 아무리 많이 축적되어도 그것은 결코 구원이 아니다.

4. 선하게 사는 것이 구원이 아니다.

어떤 사람은 이렇게 말한다.

"나는 주님을 사랑하고, 주님 말씀대로 살려고 하고, 주님께 순종하려고 애를 쓰는데, 나 같은 사람이야말로 참으로 구원받은 사람이 아닌가?"

위와 같은 경우는 구원받은 사람일 수도 있고, 아닐 수도 있다.
왜냐하면 구원받지 않은 사람도 자기 나름으로 주님을 사랑할 수 있기 때문이다.
그러나 그것은 참사랑이 아니고 _____ 이다. 그리스도의 사랑이 심령 가운데 부어진바 됨으로써 이전에 주님에 대한 사랑이 전혀 없었던 자에게 주님에 대한 사랑이 생기기 시작했다면 그 사랑은 참된 사랑이고, 그 사람은 구원받은 사람이다. 그러나 자기 열심이나, 그냥 예수님이 좋아서 사랑하는 것이라면 그것은 참사랑이 아니다.

주님 뜻대로 순종하려고 하고, 선하게 살려고 하는 것도 구원의 확실한 증거는 못된다. 구원받지 않고서도 그렇게 사는 사람은 많이 있다. 사도행전 10장에 나오는 고넬료는 구원받기 전에도 선행과 구제와 기도로 소문난 사람이었다.

5. 모태신앙은 구원과는 별개의 것이다.

많은 교인들이 자신은 모태신자임을 크게 자랑한다. 그러나 엄밀히 말하면, 모태신앙이란 것은 없다. 신앙은 나와 하나님과의 개인적인 관계이지 어머니 때문에 또는 아버지 때문에 내가 자동적으로 천국 가는 것은 결단코 아니다.

그러므로 개인적으로 예수 그리스도를 만나 거듭나는 체험을 해야 하나님의 자녀가 되는 것이다. 그 외에 교회나 교파가 구원과는 상관이 없으며, 어떤 성례전이나, 교회의 직분이나, 어떤 신비적인 체험을 구원과 연관시켜서도 안 된다. 성령의 역사가 아니고서도 신비적인 체험을 하는 경우는 비일비재하다.

기독교가 아닌 이방종교에서도 성령과 관계없이 각종 신비적인 체험이 많이 있는 것을 각종 문헌을 통해 쉽게 접할 수 있다. 구원은 그렇게 어렵고 복잡한 것이 아니다. 그러나 거듭나지 못한 사람은 사탄의 역사로 인해 영적인 눈이 멀어 있기 때문에 영적인 세계가 보이지 않고, 따라서 헛갈리기 쉽다는 사실을 분명히 알 필요가 있다."

C. 상대방이 구원의 확신이 없는 경우

참으로 구원을 받고서도 구원의 확신이 없는 경우가 있는가?
대부분의 경우 구원받은 적이 없기 때문에 구원의 확신이 없는 것이다.
그러므로 어떤 사람이 구원의 확신이 없다면 일단 구원받지 않은 것으로 간주해도 좋을 것이다. 하지만 가끔 구원을 받고도 확신이 없는 경우가 있다.
본인이 구원을 받았지만 성경지식이 없어서 구원의 확신이 없는 것이다.
또 어떤 경우는 본인이 구원받은 직후 어린 신앙인으로서는 도저히 감당하기 힘들 정도로 큰 충격을 받았다거나 너무 힘든 경험을 함으로 한 동안 있던 구원의 기쁨이 금세 사라지는 경우에도 구원의 확신이 없는 것이다.
어떤 경우에는 현재의 삶에 문제가 있어서 구원의 확신이 없는 것이다.

D. 진정한 회개를 하지 않는 경우

오늘날 일부에서 전해지고 있는 복음은 죄인들로 하여금 그릇된 희망을 갖게 한다. 자신의 죄에 대해 깊이 인식할 필요도 없이, 또 죄에서 돌이키는 회개가 없어도 예수께서 십자가에서 자신을 위해 죽으셨다는 것에 동의만 하면 구원받았다는 식으로 가르친다. 하지만 진정한 회개가 없는 구원을 있을 수 없는 것이다.

구약 성경에서 회개라는 단어는 "슈브"로서, 그것은 항상 죄로부터 돌아서서 하나님께로 향하는 것을 의미한다. 그것은 마음과 뜻과 정성과 힘을 다해서 하나님께로 돌아서는 것을 뜻한다. 그리고 신약 성경에서 회개라는 단어가 사용될 때는 언제나 목표의 변화, 특히 죄로부터의 돌이킴을 의미한다. 참된 회개는 그리스도에 대한 태도를 근본적으로 바꾸는 것은 물론, 양심의 가책을 포함하며, 많은 경우에 자신의 죄에 대한 슬픔을 수반한다. 그러나 그것은 구원받기 전에 무엇을 고쳐야 한다는 것을 의미하는 것은 결코 아니다. 주님 앞에는 "내 모습 이대로" 나간다. 사실상 구원받기 전에는 아무 것도 근본적으로 고칠 수 있는 능력이 없다.

이 면에 관해서 맥아더가 잘 지적하고 있다.

"무엇보다도 회개는 구원에 앞서 자신의 삶을 바로 잡아 보려는 시도가 아님을 알아야 한다. 회개에로의 부르심은 믿음으로 그리스도께로 돌이키기 전에 죄를 청산하라는 명령이 아니다. 오히려 그것은 자신의 불의함을 깨닫고 그것을 미워하며, 그것에 등을 돌리고, 그리스도께 달려가 전심으로 그분을 받아드리는 명령이다."(맥아더,「구원얻는 믿음이란 무엇인가」, p.229)

그러므로 _____ 는 구원에 있어서 필수적인 과정이다. 지금까지의 죄에서 돌이키겠다는 의지(돌이키겠다는 마음의 각오)가 전혀 없이는 참된 구원이 이루어질 수 없다. 그렇기 때문에 "나는 구원을 받았어도 나의 삶의 방식을 전혀 바꾸지 않고 과거에 살던 그대로 살겠다"고 생각하는 사람은 구원받은 사람일 수가 없다.

8장 거짓 믿음이란?

교회에 다니는 사람들 중에 예수 믿으면 구원받는다는 것을 대부분 알고 있다. 그러나 그 중에 많은 사람들은 예수님을 믿는 것이 무엇을 의미하는지 모르고 있다. 단지 막연하게 예수 믿으면 구원을 얻는다고 알고 있는 것이다.

그래서 믿음 중에서도 잘못된 거짓 믿음이 있다. 이단들도 대부분 하나님을 믿는다고 말한다. 그래서 성경은 잘못된 거짓 믿음이 있다는 것을 명확하게 밝히고 있다.

"이와 같이 행함이 없는 믿음은 그 자체가 죽은 것이라, 아아 허탄한 사람아 행함이 없는 믿음이 헛것인 줄 알고자 하느냐"(약 2:17, 20).

우리는 무엇이 거짓 믿음이며 무엇이 구원을 얻을 수 있는 참 믿음인지 바로 알아야 한다.

1. 일시적인 거짓 믿음

일시적인 믿음은 거짓 믿음이다. 이것은 말씀을 들을 때에는 _____으로는 받아들이지만 그 말씀이 결실을 이루지 못한다. 예수님은 이 사실을 씨 뿌리는 자의 비유를 통하여 지적하셨다.

"길가에 있다는 것은 말씀을 들은 자니 이에 마귀가 와서 그들로 믿어 구원을 얻지 못하게 하려고 말씀을 그 마음에서 빼앗는 것이요 바위 위에 있다는 것은 말씀을 들을 때에 기쁨으로 받으나 뿌리가 없어 잠깐 믿다가 시험을 받을 때에 배반하는 자요"(눅 8:12-13).

이 말씀에서 '잠깐 믿다가' 라는 말은 일시적으로만 믿는 것을 뜻한다. 또한 이 믿음은 구원을 위해서 자신을 의지하고, 이 세상에서 필요한 복을 얻기 위해서 예수님을 의지하는 것이다.

「전도폭발」의 제임스 케네디는 이 점에 대해 언급한다.

"구원 얻는 믿음 같으면서도 실상은 전혀 다른 믿음이 있는데 그것은 바로 영생을 위해서는 자기 자신을 의지하면서도 일시적인 복, 혹은 현세적인 복을 위해서는 주님을 신뢰하는 믿음이다. 이것을 구별하기란 어려운 일이나 우리는 그것을 구별할 필요가 있다. 그것은 영원한 복과 영원한 화를 구별하는 일이 된다.

루터를 한번 생각해보라. 구원받기 전에 그는 하나님을 믿고 있었다. 그가 로마로 순례의 길을 떠날 때 그는 안전과 숙식과 건강을 위해서 주님을 의지하지 않았는가? 분명히 의지했다.

그와 마찬가지로 존 웨슬리도 영국에서 신세계의 선교임지로 떠날 때 그의 안전을 주님께 맡겼다. 그럼에도 불구하고 이들은 지상에서 천국으로 가는 길의 안전을 위해서 자기 자신을 신뢰하고 있었다. 죄인이 믿음으로 의롭다 하심을 받는다는 사실의 진리를 알고 믿기 오래 전에 그들은 믿음을 안전한 여행을 할 수 있다는 진리에 대해서 알고 믿었다."

2. 하나님의 존재를 믿는 거짓 믿음

하나님이 살아 계신다는 것을 믿는 것은 구원 얻는 참 믿음은 아니다. 이 세상에는 신은 없다고 믿는 _____ 자들이 많다. 그러나 하나님의 존재를 믿는다고 해도 그것이 모두 구원 얻는 참 믿음은 아니다. 왜냐하면 마귀 사탄도 하나님이 살아 계시다는 사실을 믿기 때문이다.

그러면 마귀도 구원을 받았는가? 그래서 성경은 분명하게 말씀한다.

"네가 하나님은 한 분이신 줄을 믿느냐 잘하는 도다 귀신들도 믿고 떠느니라."(약 2:19).

예수님 당시에도 많은 사람들이 예수님이 어떤 분인 줄 몰랐지만 귀신들린 사람은 알아보았다. 다음의 말씀들은 의심할 나위없는 성경의 이야기들이다.

"나사렛 예수여 나는 당신이 누구인줄 아오니 하나님의 거룩한 자니이다"(막 1:23-24, 마 8:29, 막 5:1-7, 눅 4:33-36).

그러나 그들은 하나같이 고백하기를 "나와 당신이 무슨 상관이 있나이까?"라고 말했다. 예수님을 하나님의 아들이라고 믿어도 그 믿음은 예수님과 아무런 상관이 없는 것이다.

3. 현세적인 거짓 믿음

현세적인 믿음은 구원 얻는 참 믿음이 아니다. 현세적인 믿음은 이 _____ 세상적인 것들을 얻기 위하여 주님을 신뢰하는 것이다. 영생이나 천국의 소망에는 관심이 없고 이 세상에서 병을 낫게 하려고, 축복을 많이 받아서 부자가 되려고, 마음이 외로워서 마음이나 달래 보려고 믿는 것이다. 그러나 그러한 믿음은 참된 믿음이 아니다.

4. 지식적인 동의 거짓 믿음

지식적인 동의의 믿음은 구원 얻는 참 믿음이 아니다.
그래서 「전도 폭발」의 제임스 케네디는 이 점에 대해 언급했다.

"신학자들은 믿음의 3요소를 지식, 동의, 신뢰로 정확히 지적했다.
우리는 어떤 것을 지식적으로는 알고 있으면서도 그것에 동의하지 않을 수가 있다. 예를 들면, 그리스도가 오늘날 인도에 사는 어떤 사람의 몸을 입고 이 세상에 왔다고 가르치는 사람이 있다. 저자는 이들의 가르침에 대해서 알고는 있지만 그것에 동의하지는 않는다.
또한 수많은 역사적 사실들에 대해서 지식적으로 알고 있고 또한 그것들에 동의하면서 아직 그것들에 대하여 신뢰하지 않는 사람이 있을 수 있다. 우리는 알렉산더 대제에 대해서 알고 있고 또 그의 정복 전쟁들에 관한 역사적인 기록에 대해서 동의하고 있다. 더 나아가서 우리는 그가 군사전략에 천재였다는 데에도 동의한다. 그러나 알렉산더가 자기를 위해 뭔가를 해줄 수 있을 것으로 믿는 사람은 아무도 없기를 바란다. 그것은 어리석은 일일 것이다. 지식과 동의에 루터가 말한 신뢰가 따라야 한다."

지식적인 동의는 구원 얻는 믿음이 아니다. 물론 믿음은 올바른 지식에서 출발한다. 그러나 머리로 아는 것만 가지고 구원받는 것이 아니다. 당신은 올바른 믿음을 가지고 구원을 받았는가? 아니면 구원을 얻지 못하는 거짓 믿음은 아닌가?

5. 행함이 없는 거짓 믿음

구원을 받지 못하는 거짓 믿음은 행함이 없는 믿음이다. 성경은 그것에 관해 상당히 명확하게 말씀한다.

"내 형제들아 만일 사람이 믿음이 있노라 하고 행함이 없으면 무슨 이익이 있으리요 그 믿음이 능히 자기를 구원하겠느냐 아 허탄한 사람아 행함이 없는 믿음이 헛것인줄 알고자 하느냐 행함이 없는 믿음은 죽은 것이니라."(약 2:14, 20, 26).

여기서 '사람이 믿음이 있노라 하고' 라는 의미가 무엇인가? 우리 주위에 교회를 다니는 사람들 가운데 본인은 구원을 _____ 말하며 믿음이 있다고 말하지만 그 사람의 삶을 살펴보면 전혀 변화가 없고 행함이 없는 사람이 있다. 그런 사람은 참된 구원을 받은 사람이 아니다. 왜냐하면 야고보는 '그 믿음이 능히 자기를 구원하겠느냐 아아 허탄한 사람아' 라고 말하고 있기 때문이다. 그러므로 행함이 전혀 없는 것은 참된 믿음이 아니다. 행함이 없으면 믿음도 없다.

존 맥아더는 그의 책 "구원이란 무엇인가"에서 찰스 라이리의 글을 인용한다(P. 226).
"행함이 없고 죽은 가짜 믿음이 인간을 구원할 수 있는가? 야고보는 우리가 행함으로 구원을 얻는다고 말하지 않는다. 다만 선한 행함을 낳지 않는 믿음이 죽은 믿음이라고 말하고 있는 것이다. 열매를 맺지 못하는 믿음은 영혼을 구원할 수 없다. 그런 믿음은 참된 믿음이 아니기 때문이다."

계속해서 존 맥아더는 반스의 글을 인용한다(P. 227).
"야고보는 참된 믿음이 있다면 언제나 선한 행함이 따라온다고 주장한다. 그리고 사람을 의롭게 하고 구원할 수 있는 것은 오직 그 믿음뿐이라고 주장한다. 실질적인 삶의 거룩함으로 이끌지 못한다면 그 믿음은 조금도 가치가 없다."

계속해서 존 맥아더는 루터의 글을 인용한다(P. 355-358).
"믿음은 즉시 사람을 새롭게 하고 거듭나게 한다. 그리고 사람을 완전히 새로운 삶의 방식과 특징으로 이끌고 간다. 그래서 참된 믿음이 있는 사람은 계속해서 선한 일을 하지 않고는 견딜 수 없게 되는 것이다. 나무가 열매를 맺는 것처럼 당연히 믿음은 선한 행위를 낳는다. 나무에게 열매를 맺으라고 명령하는 것이 전혀 불필요한 일이듯이 믿는 자에게도 선한 일을 하라고 촉구할 필요가 없다. 믿는 자는

저절로, 자유롭게, 자발적으로 선한 일을 하기 때문이다. 그것은 아무 명령이 없어도 잠을 자고 먹고 마시며 옷을 입고 듣고 말하며 가고 오는 것과 같은 이치다. 이 믿음이 없는 사람은 단지 믿음과 행위에 대해 헛된 말만 할 뿐이다. 사람이 행위로 선해지는 것이 아니라 선한 행위로 거짓 믿음과 참된 믿음의 차이를 입증해야 한다. 믿음이 참이라면 언제나 그 믿음은 선을 행하기 때문이다. 만일 믿음이 선을 행하지 않으면 그 믿음은 분명 헛되고 거짓된 것이다. 행함에 대해 언급한 성경의 모든 단락은 하나님이 행함을 통해 믿음 안에서 받은 선함을 입증하며 다른 사람에게 유익을 끼치기를 원하신다는 것을 보여 준다. 그것을 통해 거짓 믿음이 드러나고 뿌리째 제거될 수 있도록 말이다. 우리가 행함이 없다면 우리는 자신의 믿음이 참인지 아닌지 알 수 없다. 행함이 따라오지 않는 곳에는 오직 공허한 생각과 꿈만 있을 뿐 믿음이 없다는 확실한 증표다. 그러나 사람들은 그것을 믿음이라고 거짓되게 부른다. 행함은 당연히 믿음이 따라오기 때문에 행함을 명령할 필요는 없다. 명령을 받지 않아도 믿음은 행함을 하게 되어 있다. 그래서 우리는 거짓 믿음과 참된 믿음을 구별할 수 있게 되는 것이다."

계속해서 존 맥아더는 칼빈의 글을 인용한다(P. 358-361).

"믿음과 행함이 얼마나 분리할 수 없을 만큼 밀접히 연결되어 있는지 알고자 한다면 그리스도를 바라보라. 완전함과 거룩함을 향한 열정이 일어나지 않는 곳에는 그리스도의 영도, 그리스도도 없다. 또한 그리스도가 계시지 않는 곳에는 의도, 믿음도 없다. 인간의 마음속에는 허영을 위한 자리가 너무 많다. 거짓을 위한 은신처가 너무 많다. 기만과 위선의 수의를 너무 단단히 입고 있다. 그래서 종종 인간의 마음은 스스로를 기만한다. 외형뿐인 믿음 안에서 영광을 누리는 자들은 사탄보다 조금도 나을 것이 없다는 것을 그들이 알아야 한다."

계속해서 존 맥아더는 스펄전의 글을 인용한다(P. 369-370).

"그리스도를 기꺼이 구주로 받아들이는 것처럼 보이지만 주님으로는 받아들이지 않으려는 사람들이 있다. 믿음을 행함으로 입증하지 않으면서 그리스도를 믿는다고 말만 하는 자들이 있다는 것은 얼마나 슬픈 일인가? 나는 진정으로 그리스도를 구주로 영접하지만 주님으로는 받아들이지 않는 것이 가능하다고 생각하지 않는다. 구속받은 영혼이 가장 먼저 보여 주는 태도는 구주의 발아래 엎드리는 것이다. 그리고 감사와 경배를 드리며 이렇게 부르짖는 것이다. '찬양 받으실 주님이시여, 당신의 보혈로 사셨으니 이제 저는 당신의 소유입니다. 오직 당신의 것입니다. 영원히 당신의 것입니다. 제가 당신을 위해 무엇을 하기를 원하십니까?' 그리스도가 우리의 왕이 아니라면 그리스도를 구주로 받아들이는 것은 불가능하다. 구원의 매우 많은 부분이 우리를 다스렸던 죄의 지배에서 구원받는 것에 있기 때문이다. 또한 우리가 사탄의 지배에서 구속받을 수 있는 유일한 길은 그리스도의 지배에 복종하는 것뿐이다. 죄를 용서 받았지만 예전처럼 살아간다면 그는 진정으로 구원받은 자가 아니다."

계속해서 존 맥아더는 아이언사이드의 글을 인용한다(P. 379).

"아마도 이렇게 묻는 사람이 있을 것이다. '내가 죄 속에 계속 살아도 여전히 구원받은 자가 될 수 있지 않습니까?' 전혀 그렇지 않다. 천만의 말씀이다. 한 사람이 복음을 믿는 순간 그는 거듭난다. 그리고 새로운 생명과 본질을 받는다. 그것은 죄를 미워하고 거룩함을 사랑하는 본질이다. 당신이 예수님께 나와 믿음을 드린 사람이라면 자신 안에서 선을 향한 새로운 갈망, 거룩함을 추구하는 갈망, 의를 향한 목마름을 발견하지 않는가? 이 모든 것이 새로운 본질을 소유했다는 증거다."

계속해서 존 맥아더는 토저의 글을 인용한다(P. 387).

"그리스도를 구주로 고백했지만 삶에서 그리스도를 주님으로 인정하며 완전한 순종을 드리도록 인도하지 않는다면 그 믿음은 결코 참된 믿음이라고 할 수 없으며 결국에는 고백한 자를 배반한다. 믿는 자는 순종한다. 순종하지 않는 것은 참된 믿음이 아니라는 분명한 증거다. 참된 회개가 있는 곳에 순종이 있다. 회개가 과거의 실패와 죄에 대한 슬픔일 뿐만 아니라 이제부터 하나님이 보여 주시는 대로 그분의 뜻을 행하기로 결단하는 것이기 때문이다."

계속해서 존 맥아더는 아서 핑크의 글을 인용한다(P. 388-389).

"구원의 믿음은 내 전 존재와 생명을 나에 대한 하나님의 주장과 권리에 완전히 내어 드리는 것으로 이루어져 있다. 그것은 그리스도의 뜻에 엎드리고 그분의 멍에를 받으며 자신의 절대적인 주님으로 그리스도를 주저 없이 받아들이는 것이다. 오, 죄인들에게 그리스도를 개인적인 '구주'로 받아들이라고 구걸하는 현대의 방식은 신약의 기준에서 얼마나 멀리 떨어져 있는 것인가? 신약에서 예수 그리스도가 소개될 때 항상 구주보다는 주인이라는 말이 먼저 나온다는 것을 알 수 있다. 순서가 바뀌는 경우는 한 번도 없다. "마리아가 가로되 내 영혼이 주를 찬양하며 내 마음이 하나님 내 구주를 기뻐하였음은, 이같이 하면 우리 주 곧 구주 예수 그리스도의 영원한 나라에 들어감을 넉넉히 너희에게 주시리라, 만일 저희가 우리 주 되신 구주 예수 그리스도를 앎으로 세상의 더러움을 피한 후에 다시 그 중에 얽매이고 지면 그 나중 형편이 처음보다 더 심하리니, 오직 우리 주 곧 구주 예수 그리스도의 은혜와 저를 아는 지식에서 자라가라 영광이 이제와 영원한 날까지 저에게 있을지어다."(눅 1:46-47, 벧후 1:11, 2:20, 3:18)"

6. 참된 믿음과 거짓 믿음은 어떻게 구별하는가?

장두만 박사는 "성침논단"의 논문에서 이것을 구별하는 세 가지 방법을 소개한다(P. 23-24).

첫째, 참된 믿음은 열매로 안다.

거짓 믿음은 열매를 맺지 못하지만 참된 믿음은 내재하시는 성령의 능력으로 열매를 맺게 된다. 예수를 믿고 구원을 받았다고 고백을 하지만 아무런 변화의 열매가 없다면 그 믿음은 참된 믿음이 아니다.

둘째, 한 사람이 예수 그리스도를 전인격적으로 믿으면 바로 그 직후부터 변화의 열매가 나타난다.

예수를 전인격적으로 믿고 구원받으면 분명한 변화의 증거가 있다는 것은 교파 관계없이 모든 학자들이 이구동성으로 주장하고 있다. 장로교의 대표적인 신학자 가운데 한명이었던 찰스 하지도 중생은 '영적 죽음에서 영적인 생명으로 옮겨가는 즉각적인 변화'라고 했고, 또 다른 장로교 신학의 대표자 중 한 사람인 위필드도 유사한 주장을 하고 있다. '중생이란 성령 하나님의 역사로 인해 영혼 속에 일어나는 근본적이고 완전한 변화이다.' 침례교 신학자인 스트롱은 다음과 같이 말하고 있다. '중생은 즉각적인 변화이다. 중생은 점진적으로 서서히 이루어지는 일이 아니다.'

셋째, 한 사람이 참으로 거듭나면 경험하는 변화에는 두 종류가 있다.

즉, 내적인 변화와 외적인 변화이다. 내적인 변화는 구원을 받으면 즉각적으로 일어나는 변화요, 외적인 변화는 즉각적인 경우도 있고 점진적으로 이루어지는 경우도 잇다. 성경은 진정으로 거듭난 신자가 내주하시는 성령의 능력으로 인해 경험하는 내적인 변화에 대해 분명하게 가르치고 있다."

밀라드 에릭슨은 그의 저서 "구원론"에서 짝퉁구원을 분별하는 법을 소개한다 (P. 264-265).

성경은 신앙을 외적으로 고백하는 모든 사람들이 참된 구원을 받은 사람으로 정당화하지 않고 있다.
예수님은 양의 가죽을 입고 왔으나 이리의 탐욕을 가진 거짓 선지자들에 대해서 경고한다(마 7:15).
그들은 그들의 말로서가 아니라 그들의 열매로써 평가되어야만 한다(마 7:16-20).
심판 날에 그러한 사람들도 주님을 '주여 주여'라고 부를 것이며
예언을 했다고 귀신을 쫓아냈다고 주님의 이름으로 능력을 행했다고 주장할 것이다(마 7:22).
그러한 모든 주장들은 아마 사실일지도 모른다.
그러나 하나님의 나라에 들어갈 이들은 이들이 아니요
오히려 아버지의 뜻을 행한 이들이다(마 7:21).
그러한 가짜 신자들에 대한 예수님의 최종 선언은
'내가 너희를 도무지 알지 못하니 불법을 행하는 자들아 내게서 떠나가라'(마 7:23)인 것이다.
씨 뿌리는 자의 비유는 겉으로 보기에 참 믿음으로 여겨지는 것이
사실은 아주 다른 것이 될 수도 있다는 또 다른 지적이다(마 13:1-9, 18-23).
지금까지의 내용을 고려해볼 때 예수님께서는 신자인 것으로 보이는 모든 사람들을
참으로 신자라고 여기시지는 않았다는 것은 분명하다.
그러므로 신앙생활을 하다가 후에 타락한 이들은
처음부터 결코 구원받지 못했다는 것이 우리의 결론이다.

그러므로 우리는 거짓 믿음을 분별하고 상대방이 참된 믿음으로 예수 그리스도를 믿을 수 있도록 도와주어야 한다.

9장 구원상담 복음제시

A. 복음을 소개하기 전에 먼저 전도할 대상과 사귀는 것이 좋다.

복음을 제시하기 전에 관계형성이 중요하다.
대개 국민소득이 8000불이 넘어가면 복음에 반응하는 것이 소극적이다.
그러므로 먼저 관계를 형성하고 복음을 전해야 한다.
하지만 복음을 제시할 상황이 도래했다면 먼저 세상적인 일에서부터 시작하는 것이 좋다.
상대방을 비판하지 말고 날씨나 직장 일이나 가벼운 대화부터 시작하여
점점 신앙적인 문제로 화제를 이끌어가야 한다.

대화에서는 반드시 _____ 대화를 이끌어가야 한다.
상대방이 자꾸 불필요한 질문을 해서 대화의 방향을 벗어나게 할 때는
"그러한 질문은 나중에 답변하겠다"라고 하고 본 대화를 이끌고 가야 한다.
대부분의 경우 상대방이 구원을 받으면 상대방이 했던 질문은 대답할 필요가 없게 된다.
하지만 시간적으로 쫓기는 사람과는 상담을 하지 말고 다음 기회로 미루는 것이 좋다.

교회에서 초청 시간에 구원받기 위해 나올 경우에는
위의 순서를 거치지 않아도 크게 문제되지 않는다.
하지만 그러한 경우에도 대화의 시작은 중요하다.
그러므로 설교의 내용을 가지고 대화를 시작하는 것이 좋겠다.

"설교의 어떤 내용이 감동이 되셨나요?"

B. 복음의 소개

1. 하나님께서는 당신을 사랑하시며 당신이 구원받기를 원하시고 계신다. 그 구원의 계획이 성경에 나타나 있다(요 3:16).

구원상담은 _____ 만 알면 시작할 수 있다.
다음 구절은 시작 구절 밑에 써 놓으면 된다.
그리고 성경구절은 암송해서 하지 말고
직접 찾아서 상대방이 읽게 하되 상대방의 이름을 대입해서 읽게 하라.

"하나님의 소원은 당신이 구원을 받는 것입니다.
혹시 당신은 소원이 있습니까?
당신의 소원이 속히 이루어지시기 바랍니다.
그런데 우리 하나님께서도 당신을 향한 소원이 있습니다.
그 소원은 당신이 구원을 받는 것입니다."

"하나님은 모든 사람이 구원을 받으며 진리를 아는 데에 이르기를 원하시느니라"(딤전 2:4)

"하나님은 오래 참으로시고 당신이 회개하기를 원하십니다.
혹시 당신이 인생을 살아오면서 위기일발의 위험한 일을 경험하신 일이 있습니까?
그 상황에서 당신이 죽을 수도 있었는데
당신이 죽지 않고 지금까지 살아있는 이유가 무엇인지 아십니까?
바로 하나님께서 당신이 회개하고 구원받기를 원하시고 오래 참으신 것입니다."

"사랑하는 자들아 주께는 하루가 천 년 같고 천 년이 하루 같다는 이 한 가지를 잊지 말라 주의 약속은 어떤 이들이 더디다고 생각하는 것 같이 더딘 것이 아니라 오직 주께서는 너희를 대하여 오래 참으사 아무도 멸망하지 아니하고 다 회개하기에 이르기를 원하시느니라"(벧후 3:8-9)

"성경이 구원과 영생에 관한 것을 보여 줍니다.
성경은 영생을 얻을 수 있는 방법을 보여 줍니다.

그러므로 구원을 받을 수 있는 길이 있습니다."

"너희가 성경에서 영생을 얻는 줄 생각하고 성경을 연구하거니와 이 성경이 곧 내게 대하여 증언하는 것이니라"(요 5:39)

이 만큼 이야기하고 상대방에게 그 구원의 계획에 대해 알고 싶은지 물어보라.
상대방이 전혀 관심이 없는 사람이거나
시간적으로 쫓기는 사람은 다음 기회로 미루는 것이 좋다.

2. 구원이 필요한 이유

모든 사람이 구원이 필요한 이유는
모든 사람이 죄인이며, 죄로 말미암아 영적으로 죽어있기 때문이다.

1) 복음을 _____ 전에 구원의 필요성과 인간이 영적으로 죽어 있는 비참함과 죄에 대한 심판을 철저하게 이해할 수 있도록 다루어주어야 한다.

성경 구절 한 두 개로
상대방이 금세 구원의 필요성과 죄에 대한 형벌을 실감나게 느낄 것이라고 생각하지 말라.
상대방이 영적으로 갈급한 상태가 되지 않았는데
해결책을 주려고 노력하는 것은 잘못된 상담이다.

구원의 필요성을 더 강조하면 상대방은 갈급한 상태가 될 수 있다.
이것을 흔히 "소금 먹인다"고 말한다.
물을 주지 말고 갈증을 일으키게 해야 한다.
죄의 심각성이나 죄의 심판과 형벌의 심각성과
영적으로 죽은 사람의 비참함을 충분히 알려주면 복음은 자연스럽게 믿어진다.

인간의 위험인 죄와 죽음과 심판의 심각성만 이야기하고,
정답인 복음을 미리 노출시키지 말고, 그 영혼이 무르익을 때까지 그냥 기다려라.

2) 한 번의 상담으로 상대방이 구원받을 것으로 성급한 기대를 하지 말라.

상대방의 심령이 준비된 경우에는
한 번의 상담으로 구원받는 경우도 있지만 그렇지 않은 경우도 많다.
한 사람의 영원한 운명을 몇 십분 만에 쉽게 해결할 수 있을 것으로 생각하면
잘못될 수도 있다.

복음 자체는 너무 단순하고 쉬운 것이지만,
그것을 믿는 사람들의 마음 상태가 너무 복잡해
쉽게 구원받지 못하는 경우가 많다는 것을 기억해야 한다.
복음은 너무 단순하고 쉽지만 예수를 마음으로부터 믿는 것은 결코 쉬운 일이 아니다.
그러므로 구원받는 것은 절대로 쉽지 않다.
성령님이 역사하셔야 믿어지는 것이다.

3) 절대로 성급하게 _____ 제시하지 말라.

구원의 필요성을 철저히 느끼면 구원은 이미 받은 것이나 다를 바 없다.
그런 경우에는 구원받는 것이 시간문제이다.
죄에 대한 인식을 철저히 하기 전에
복음을 미리주면 대부분의 경우 지식적으로 복음을 받아들이게 된다.
그렇게 되면 믿고 싶어도 믿어지지 않아서 고통을 당하게 될 가능성이 많아진다.

죄인식이 0에서 100까지 있다면 0에서 50까지는 기본선이라고 할 수 있다.
그런데 그 기본선에 미치지 못하면
자신은 죄인이 아니고 악하지 않다고 생각하는 경우가 있다.
그럴 경우 구원이 이루어지지 않을 수도 있다.

그러므로 충분한 죄인이 이루어져야 구원이 저절로 이루어진다.
죄를 깨닫도록 예를 들어 설명해 주어야 한다.
흑인 중에도 정말 칠흑같이 검은 흑인이 있지만
미국 대통령 오바마처럼 조금 까만 흑인도 있다.
하지만 모두 동일하게 흑인이다.

4) 죄를 알려주는 성경 구절

"모든 사람이 죄를 범했습니다."
"모든 사람이 죄를 범하였으매 하나님의 영광에 이르지 못하더니"(롬 3:23)

"이 세상에 의인은 하나도 없습니다."
"기록된 바 의인은 없나니 하나도 없으며 깨닫는 자도 없고 하나님을 찾는 자도 없고 다 치우쳐 함께 무익하게 되고 선을 행하는 자는 없나니 하나도 없도다 그들의 목구멍은 열린 무덤이요 그 혀로는 속임을 일삼으며 그 입술에는 독사의 독이 있고 그 입에는 저주와 악독이 가득하고 그 발은 피 흘리는 데 빠른지라 파멸과 고생이 그 길에 있어 평강의 길을 알지 못하였고 그들의 눈 앞에 하나님을 두려워함이 없느니라 함과 같으니라"(롬 3:10-18)

"우리의 의는 하나님 앞에 누더기와 같습니다."
"무릇 우리는 다 부정한 자 같아서 우리의 의는 다 더러운 옷 같으며 우리는 다 잎사귀 같이 시들므로 우리의 죄악이 바람 같이 우리를 몰아가나이다"(사 64:6)

"우리의 마음은 만물보다 거짓되고 부패했습니다."
"만물보다 거짓되고 심히 부패한 것은 마음이라 누가 능히 이를 알리요마는"(렘 17:9)

"다음은 마음의 갖가지 죄악들입니다."
"또 이르시되 사람에게서 나오는 그것이 사람을 더럽게 하느니라 속에서 곧 사람의 마음에서 나오는 것은 악한 생각 곧 음란과 도둑질과 살인과 간음과 탐욕과 악독과 속임과 음탕과 질투와 비방과 교만과 우매함이니 이 모든 악한 것이 다 속에서 나와서 사람을 더럽게 하느니라"(막 7:20-23)

"다음은 죄악의 항목들입니다."

"또한 그들이 마음에 하나님 두기를 싫어하매 하나님께서 그들을 그 상실한 마음대로 내버려 두사 합당하지 못한 일을 하게 하셨으니 곧 모든 불의, 추악, 탐욕, 악의가 가득한 자요 시기, 살인, 분쟁, 사기, 악독이 가득한 자요 수군수군하는 자요 비방하는 자요 하나님께서 미워하시는 자요 능욕하는 자요 교만한 자요 자랑하는 자요 악을 도모하는 자요 부모를 거역하는 자요 우매한 자요 배약하는 자요 무정한 자요 무자비한 자라 그들이 이같은 일을 행하는 자는 사형에 해당한다고 하나님께서 정하심을 알고도 자기들만 행할 뿐 아니라 또한 그런 일을 행하는 자들을 옳다 하느니라"(롬 1:28-32)

"하늘나라에 _____ 못할 죄들입니다."

"불의한 자가 하나님의 나라를 유업으로 받지 못할 줄을 알지 못하느냐 미혹을 받지 말라 음행하는 자나 우상 숭배하는 자나 간음하는 자나 탐색하는 자나 남색하는 자나 도적이나 탐욕을 부리는 자나 술 취하는 자나 모욕하는 자나 속여 빼앗는 자들은 하나님의 나라를 유업으로 받지 못하리라"(고전 6:9-10)

"육체의 열매들입니다."

"육체의 일은 분명하니 곧 음행과 더러운 것과 호색과 우상 숭배와 주술과 원수 맺는 것과 분쟁과 시기와 분냄과 당 짓는 것과 분열함과 이단과 투기와 술 취함과 방탕함과 또 그와 같은 것들이라 전에 너희에게 경계한 것 같이 경계하노니 이런 일을 하는 자들은 하나님의 나라를 유업으로 받지 못할 것이요"(갈 5:19-21)

"무엇이 살인입니까?"

"옛 사람에게 말한 바 살인하지 말라 누구든지 살인하면 심판을 받게 되리라 하였다는 것을 너희가 들었으나 나는 너희에게 이르노니 형제에게 노하는 자마다 심판을 받게 되고 형제를 대하여 라가라 하는 자는 공회에 잡혀가게 되고 미련한 놈이라 하는 자는 지옥 불에 들어가게 되리라 그러므로 예물을 제단에 드리려다가 거기서 네 형제에게 원망들을 만한 일이 있는 것이 생각나거든"(마 5:21-23)

"형제를 미워하는 것이 살인입니다."
"그 형제를 미워하는 자마다 살인하는 자니 살인하는 자마다 영생이 그 속에 거하지 아니하는 것을 너희가 아는 바라"(요일 3:15)

"간음이란 무엇입니까? 법적으로는 외간 남자나 여자와 잠을 자는 것이 간음이지만 성경은 마음에 음욕만 품어도 간음이라고 말합니다."
"또 간음하지 말라 하였다는 것을 너희가 들었으나 나는 너희에게 이르노니 음욕을 품고 여자를 보는 자마다 마음에 이미 간음하였느니라"(마 5:27-28)

"선을 알고도 행하지 않으면 죄인입니다."
"그러므로 사람이 선을 행할 줄 알고도 행하지 아니하면 죄니라"(약 4:17)

5) _____ 알려주는 성경 구절

"죽음을 피할 수 없듯이 죽은 후의 심판도 피할 수 없습니다."
"한번 죽는 것은 사람에게 정해진 것이요 그 후에는 심판이 있으리니"(히 9:27)

"사람들은 죄를 짓는데 담대합니다."
"악한 일에 관한 징벌이 속히 실행되지 아니하므로 인생들이 악을 행하는 데에 마음이 담대하도다"(전 8:11)

"하나님은 모든 은밀한 것과 드러난 것을 심판하십니다."
"하나님은 모든 행위와 모든 은밀한 일을 선악 간에 심판하시리라"(전 12:14)

"반드시 심판이 있습니다."
"청년이여 네 어린 때를 즐거워하며 네 청년의 날들을 마음에 기뻐하여 마음에 원하는 길들과 네 눈이 보는 대로 행하라 그러나 하나님이 이 모든 일로 말미암아 너를 심판하실 줄 알라"(전 11:9)

"죄의 삯은 사망입니다."
"죄의 삯은 사망이요 하나님의 은사는 그리스도 예수 우리 주 안에 있는 영생이니라"(롬 6:23)

"제2의 사망은 _____ 입니다."
"또 내가 크고 흰 보좌와 그 위에 앉으신 이를 보니 땅과 하늘이 그 앞에서 피하여 간 데 없더라 또 내가 보니 죽은 자들이 큰 자나 작은 자나 그 보좌 앞에 서 있는데 책들이 펴 있고 또 다른 책이 펴졌으니 곧 생명책이라 죽은 자들이 자기 행위를 따라 책들에 기록된 대로 심판을 받으니 바다가 그 가운데에서 죽은 자들을 내주고 또 사망과 음부도 그 가운데에서 죽은 자들을 내주매 각 사람이 자기의 행위대로 심판을 받고 사망과 음부도 불못에 던져지니 이것은 둘째 사망 곧 불못이라 누구든지 생명책에 기록되지 못한 자는 불못에 던져지더라"(계 20:11-15)

"누가 둘째 사망에 들어갑니까?"
"그러나 두려워하는 자들과 믿지 아니하는 자들과 흉악한 자들과 살인자들과 음행하는 자들과 점술가들과 우상 숭배자들과 거짓말하는 모든 자들은 불과 유황으로 타는 못에 던져지리니 이것이 둘째 사망이라"(계 21:8)
누가복음 16장 19-31절은 죽음 이후의 두 운명을 다루고 있습니다.

"지옥의 고통은 어떠합니까?"

"만일 네 손이 너를 범죄하게 하거든 찍어버리라 장애인으로 영생에 들어가는 것이 두 손을 가지고 지옥 곧 꺼지지 않는 불에 들어가는 것보다 나으니라 만일 네 발이 너를 범죄하게 하거든 찍어버리라 다리 저는 자로 영생에 들어가는 것이 두 발을 가지고 지옥에 던져지는 것보다 나으니라 만일 네 눈이 너를 범죄하게 하거든 빼버리라 한 눈으로 하나님의 나라에 들어가는 것이 두 눈을 가지고 지옥에 던져지는 것보다 나으니라 거기에서는 구더기도 죽지 않고 불도 꺼지지 아니하느니라 사람마다 불로써 소금 치듯 함을 받으리라"(막 9:43-49)

죄와 심판까지 말한 후에

15분 내외의 시간 동안 혼자서 회개의 기도를 할 수 있는 시간을 주는 것이 좋다.
상황에 따라서는 죄와 심판에 대한 말씀을 말하고 1차 상담을 끝내고,
며칠 후(늦어도 1주일 이전)에 다시 만나 2차 상담을 하면서
그 때에 십자가의 복음을 소개하는 것도 좋은 방법이다.

3. 십자가의 복음

십자가의 복음을 전할 때 상대방이 아직 영적으로 준비가 되지 않았는데
인간적인 결단을 지나치게 강조한다든지,
영접을 억지로 시킨다든지,
억지로 입으로 시인하게 한다든지 하는 것은 _____ 으로 피해야 한다.
그런 경우에 대개 가짜 구원이 된다.

예수 그리스도를 마음으로 영접하기 위해서는 반드시 성령의 역사가 필요하므로 억지로,
인위적으로 하지 않도록 해야 한다.
영적으로 준비만 되면,
다시 말해서 자신의 죄를 철저히 인식하면,
성령께서 역사하시므로 진심으로 예수님을 영접하는 것은 그리 어려운 일이 아니다.

십자가 복음을 소개하는 성경 구절은 다음과 같다.

"죄는 사람이 짓지만 그 결과는 사람이 해결할 수 없습니다. 예수님은 이 죄 문제를 해결하기 위해서 오셨습니다."

"죄를 짓는 자마다 불법을 행하나니 죄는 불법이라 그가 우리 죄를 없애려고 나타나신 것을 너희가 아나니 그에게는 죄가 없느니라"(요일 3:4-5)

"예수님은 구원을 위해 오셨습니다."

"아들을 낳으리니 이름을 예수라 하라 이는 그가 자기 백성을 그들의 죄에서 구원할 자이심이라 하니라"(마 1:21)

"하나님은 사랑의 하나님이십니다."

"하나님이 세상을 이처럼 사랑하사 독생자를 주셨으니 이는 그를 믿는 자마다 멸망하지 않고 영생을 얻게 하려 하심이라"(요 3:16)

"우리가 죄인 되었을 때에 예수님께서 우리를 사랑하셨습니다."

"우리가 아직 죄인 되었을 때에 그리스도께서 우리를 위하여 죽으심으로 하나님께서 우리에 대한 자기의 사랑을 확증하셨느니라"(롬 5:8)

"구원은 하나님의 선물입니다."

"너희는 그 은혜에 의하여 믿음으로 말미암아 구원을 받았으니 이것은 너희에게서 난 것이 아니요 하나님의 선물이라 행위에서 난 것이 아니니 이는 누구든지 자랑하지 못하게 함이라"(엡 2:8-9)

"우리의 죄는 예수님 위로 _____ 졌습니다."

"친히 나무에 달려 그 몸으로 우리 죄를 담당하셨으니 이는 우리로 죄에 대하여 죽고 의에 대하여 살게 하려 하심이라 그가 채찍에 맞음으로 너희는 나음을 얻었나니"(벧전 2:24)

"그는 실로 우리의 질고를 지고 우리의 슬픔을 당하였거늘 우리는 생각하기를 그는 징벌을 받아 하나님께 맞으며 고난을 당한다 하였노라 그가 찔림은 우리의 허물 때문이요 그가 상함은 우리의 죄악 때문이라 그가 징계를 받으므로 우리는 평화를 누리고 그가 채찍에 맞으므로 우리는 나음을 받았도다 우리는 다 양 같아서 그릇 행하여 각기 제 길로 갔거늘 여호와께서는 우리 모두의 죄악을 그에게 담당시키셨도다"(사 53:4-6)

"그리스도께서도 단번에 죄를 위하여 죽으사 의인으로서 불의한 자를 대신하셨으니 이는 우리를 하나님 앞으로 인도하려 하심이라 육체로는 죽임을 당하시고 영으로는 살리심을 받으셨으니"(벧전 3:18)

"예수님이 _____를 다 지고 가셨습니다."

"이튿날 요한이 예수께서 자기에게 나아오심을 보고 이르되 보라 세상 죄를 지고 가는 하나님의 어린 양이로다"(요 1:29)

"이제 우리의 죄는 사라졌습니다."

"내가 네 허물을 빽빽한 구름 같이, 네 죄를 안개 같이 없이하였으니 너는 내게로 돌아오라 내가 너를 구속하였음이니라"(사 44:22)

"이제 우리의 죄를 기억하시지도 않으십니다."

"또 그들의 죄와 그들의 불법을 내가 다시 기억하지 아니하리라 하셨으니"(히 10:17)

"이제 우리의 죄를 멀리 옮기셨습니다."

"동이 서에서 먼 것 같이 우리의 죄과를 우리에게서 멀리 옮기셨으며"(시 103:12)

(참고 구절 : 미 7:19; 민 21:4-9; 출 12:1-20; 히 9-10장)

"예수님은 우리를 의롭다하시기 위해 부활하셨습니다."

"예수는 우리가 범죄한 것 때문에 내줌이 되고 또한 우리를 의롭다 하시기 위하여 살아나셨느니라"(롬 4:25)

"예수님의 부활이 없다면 우리의 믿음은 헛된 것입니다."

"그리스도께서 다시 살아나신 일이 없으면 너희의 믿음도 헛되고 너희가 여전히 죄 가운데 있을 것이요"(고전 15:17)

4. 영접기도

예수 그리스도를 영접하는 기도는
어떤 경우에도 상대방이 그 자신의 말로 스스로 기도하게 하라.
상대방이 기도를 거부하는 경우 상담자가 기도하고 끝내는 것이 좋다.
상대방이 오늘 복음을 깨닫고 마음에 있는 것을 기도하도록 인도하면 된다.
하지만 상대방이 상담자를 따라서 기도하게 하는 경우는 어떤 경우에도 피하는 것이 좋다.
상대방이 기도할 때 _____을 자세히 들을 필요가 있다.
어떤 사람은 아직도 믿으려고 노력하는 경우가 있고,
어떤 사람은 이미 믿고 있는 것이 확실하게 드러나는 경우가 있다.

상담 후에는 상대방이 구원을 받은 것 같아 보여도
금세 구원을 받았다고 선포하지 않는 좋다.
왜냐하면 실제로 구원이 이루어지지 않는 경우도 있기 때문에 1주일이 지나서
구원받은 변화가 있으면 그 때 구원을 선포하고 축하해 주는 것이 바람직하다.

만약 상대방이 위의 과정을 다 통과하고도 예수님을 마음에 영접하지 않으면
예수님께 기도하는 시간을 갖도록 말해주라.

이제 당신은 구원을 받는 방법으로 다 압니다.
내가 할 수 있는 일은 이제 없습니다.
만약 당신이 참으로 구원받기를 간절히 원하신다면 예수님께 간절히 기도하세요.
당신의 죄를 깨닫게 해달라고,
십자가의 복음이 믿어지지 않으니 믿어지게 해달라고 기도하세요.

상대방이 복음을 다 알고 있으나 구원받지 못한 경우에는
기도할 뿐만 아니라 전도용 성경공부인 "복음학교"를 함께 공부할 수도 있다.
     (복음학교, 김만홍 지음, 예지서원에서 출판)

상담자가 구원을 주는 것도 아니고,
또 구원상담을 했다고 반드시 구원받는 것도 아님을 알아야 한다.
상담이 끝난 후 상대방이 구원받은 것같이 보일 경우에는
성경읽기와 찬송을 부르기의 과제를 주고 1주일 뒤에 다시 만날 약속을 하라.
성경읽기는 교회를 다닌 경험이 있고 성경을 조금 아는 사람은 로마서를 읽게 하고
성경에 대해서 잘 알지 못하는 사람은 요한복음을 읽게 한다.

10장 구원상담 모델

1. 하나님께서는 당신을 사랑하시며 당신이 구원받기를 원하시고 계십니다.

당신의 소원은 무엇입니까?
예, 당신의 소원도 속히 이루어지시기 바랍니다.
그런데 우리 하나님께서도 당신을 향한 소원이 있습니다.
그 소원은 당신이 구원을 받는 것입니다.
"하나님은 모든 사람이 구원을 받으며 진리를 아는 데에 이르기를 원하시느니라"(딤전 2:4)

혹시 당신은 인생에서 위험한 일을 경험하신 일이 있습니까?
그 상황에서 당신이 죽을 수도 있었는데
당신이 죽지 않고 지금까지 살아있는 이유가 무엇인지 아십니까?
"오직 주께서는 너희를 대하여 오래 참으사 아무도 멸망하지 아니하고 다 회개하기에 이르기를 원하시느니라"(벧후 3:9)

바로 당신이 회개하고 구원받도록 하나님이 지켜주신 것입니다.

2. 당신은 어떻게 구원을 받을 수 있을까요?

하나님의 말씀인 _____ 통해서 구원을 받을 수 있습니다.
왜냐하면 성경은 구원과 영생에 관한 것을 보여주고 있기 때문입니다.
성경은 영생을 얻을 수 있는 방법을 자세히 보여주고 있습니다.
그러므로 당신이 구원을 받을 수 있는 길이 있습니다.

"너희가 성경에서 영생을 얻는 줄 생각하고 성경을 연구하거니와 이 성경이 곧 내게 대하여 증언하는 것이니라"(요 5:39)

3. 구원이란 무엇일까요?

구원의 비슷한말을 생각해 보십시오.
구원의 비슷한 말은 구조와 구출입니다.
구원은 어떤 위험에서 건져주는 것입니다.

4. 어떤 사람에게 이 구원이 이루어지려면 전재조건이 필요합니다.

무엇이 구원이 성립되는 전제 조건입니까?
자신이 위험하다는 사실을 알아야 합니다.
사람들은 자신이 위험하다는 사실을 모르면 구원을 요청하지 않습니다.
누가 119 구조대에게 구조요청을 할 수 있습니까?
위험한 사람입니다.
이와 같이 인간은 자신이 위험하다는 사실을 인식해야 하나님께 구원을 요청할 수 있습니다.

5. 그렇다면 인간에게 있는 _____ 무엇입니까?

성경은 다음 세 가지 때문에 인간이 위험하다고 말씀하고 있습니다.

첫째로 인간은 죄인이기 때문에 위험합니다.
그러므로 죄가 문제입니다.
그러나 죄가 없는 사람이 어디 있습니까?
그러므로 모든 사람은 구원이 필요한 죄인입니다.
"모든 사람이 죄를 범하였으매 하나님의 영광에 이르지 못하더니"(롬 3:23)

둘째로 죄인은 죄의 대가로 죽기 때문에 위험합니다.

그러므로 죽음이 문제입니다.

그러나 이 세상에 죽지 않을 사람이 어디 있습니까?

그러므로 히브리서 9장 27절은 이렇게 말하고 있습니다.

"한번 죽는 것은 사람에게 정해진 것이요 그 후에는 심판이 있으리니"(히 9:27)

셋째로 죽은 후에 심판을 받고 죄에 대가로 지옥에 들어가기 때문에 위험합니다.

그러면 누가 심판을 받습니까?

요한 계시록 20장 12절은 죽은 사람들이 심판을 받는다고 기록하고 있습니다.

"또 내가 보니 죽은 자들이 큰 자나 작은 자나 그 보좌 앞에 서 있는데 책들이 펴 있고 또 다른 책이 펴졌으니 곧 생명책이라 죽은 자들이 자기 행위를 따라 책들에 기록된 대로 심판을 받으니"

그러므로 당신은 당신이 얼마나 위험한가를 알아야 합니다.

당신이 죄 때문에 죽어서 심판을 받고 지옥에 들어간다는 사실을 알아야 합니다.

6. 구원이란 인간의 3가지 위험과 문제를 단번에 다 해결하는 것입니다.

이 3가지 위험은 결국 하나로 연결됩니다.

사실 죽음과 심판과 지옥은 죄 때문에 죄의 결과로 생겨났습니다.

인간이 죄를 범하지 않았다면 인간은 영원히 죽지 않고,

심판을 받을 필요도 없고,

지옥에도 들어가지 않습니다.

그러므로 죄가 문제입니다.

하지만 죄만 해결하면 인간의 3가지 문제가 다 해결됩니다.

당신의 죄가 해결되면 당신은 영생을 얻습니다.

당신의 죄가 해결되면 당신이 의인이 되기 때문에 심판을 받지 않습니다.

그리고 지옥에도 들어가지 않습니다.

그러므로 구원이란 죄의 문제를 해결하는 것입니다.

7. 당신이 구원을 받기 위해서 먼저 _____ 무엇인지 알아야 합니다.

복음이란 헬라어로 유안겔리온으로 문자적 의미는 좋은 소식, 기쁜 소식입니다.

"천사가 이르되 무서워하지 말라 보라 내가 온 백성에게 미칠 큰 기쁨의 좋은 소식을 너희에게 전하노라 오늘 다윗의 동네에 너희를 위하여 구주가 나셨으니 곧 그리스도 주시니라, 좋은 소식을 전하며 평화를 공포하며 복된 좋은 소식을 가져오며 구원을 공포하며 시온을 향하여 이르기를 네 하나님이 통치하신다 하는 자의 산을 넘는 발이 어찌 그리 아름다운가"(눅 2:10-11, 사 52:7)

8. 복음의 실체는 예수 그리스도이십니다.

"예수 그리스도의 종 바울은 사도로 부르심을 받아 하나님의 복음을 위하여 택정함을 입었으니 이 복음은 하나님이 선지자들을 통하여 그의 아들에 관하여 성경에 미리 약속하신 것이라 그의 아들에 관하여 말하면 육신으로는 다윗의 혈통에서 나셨고 성결의 영으로는 죽은 자들 가운데서 부활하사 능력으로 하나님의 아들로 선포되셨으니 곧 우리 주 예수 그리스도시니라"(롬 1:1-4)

바울은 이 말씀에서 "이 복음은 - 예수 그리스도시니라"고 분명하게 말하고 있습니다.
그러므로 예수님이 바로 복음입니다.
복음과 예수님은 뗄라야 뗄 수 없는 관계입니다.
복음이 예수님이고,
예수님이 복음입니다.
예수님이 무너지면 복음도 무너집니다.

9. 복음이란 무엇입니까?

복음의 정의는 예수님의 죽으심과 부활로 말미암아 성취된 구원에 관한 기쁜 소식입니다.

"형제들아 내가 너희에게 전한 복음을 너희에게 알게 하노니 이는 너희가 받은 것이요 또 그 가운데 선 것이라 너희가 만일 내가 전한 그 말을 굳게 지키고 헛되이 믿지 아니하였으면 그로 말미암아 구원을 받으리라 내가 받은 것을 먼저 너희에게 전하였노니 이는 성경대로 그리스도께서 우리 죄를 위하여 죽으시고 장사 지낸 바 되셨다가 성경대로 사흘 만에 다시 살아나사"(고전 15:1-4)

10. 복음은 기쁜 소식으로 들려져야 합니다.

전도자가 상대방에게 좋은 소식이라고 전해 주는데
듣는 사람이 전혀 기쁘지 않으면 전하는 사람에게 문제가 있는 것입니다.
그러므로 복음을 전하는 사람은 올바르게 복음을 전해야 합니다.
하지만 복음을 듣는 사람에게 문제가 있을 때도 복음이 기쁜 소식으로 들려지지 않습니다.
복음을 듣는 사람이 영적인 갈망이 없는 것이 가장 큰 문제입니다.
누가 물을 먹습니까?
목마른 사람이 물을 먹듯이 당신이 구원을 받으려면 당신이 구원을 간절히 구하고,
구원을 간절히 찾고, 두드려야 합니다.
왜냐하면 구하는 이마다 얻을 것이요,
찾는 이가 찾을 것이요,
두드리는 자에게 열릴 것이기 때문입니다.

"구하라 그리하면 너희에게 주실 것이요 찾으라 그리하면 찾아낼 것이요 문을 두드리라 그리하면 너희에게 열릴 것이니 구하는 이마다 받을 것이요 찾는 이는 찾아낼 것이요 두드리는 이에게는 열릴 것이니라, 너희가 온 마음으로 나를 구하면 나를 찾을 것이요 나를 만나리라"(마 7:7-8, 렘 29:13)

11. 그러면 어떻게 _____ 를 해결할 수 있습니까?

당신이 죄인이라는 사실을 깨달아야 합니다.
성경적인 구원이란 예수님을 만나서 죄의 문제를 해결하는 것입니다.
그러므로 당신이 구원을 받으려면 당신 자신이 죄인이라는 것을 철저하게 깨달아야 합니다.
당신이 죄인이라는 사실을 깨닫지 못하면 구원을 받을 수 없습니다.

그러므로 예수님은 죄인을 구원하기 위해서 오신 구세주이십니다.

"예수께서 대답하여 이르시되 건강한 자에게는 의사가 쓸 데 없고 병든 자에게라야 쓸 데 있나니 내가 의인을 부르러 온 것이 아니요 죄인을 불러 회개시키러 왔노라"(눅 5:31-32)

예수님은 자신이 죄가 없다는 의인을 부르러 오신 분이 아니라
자신이 죄인 됨을 시인하는 그런 죄인을 구원하러 오셨습니다.
사도 바울은 디모데전서 1장 15절에서
예수님께서 죄인을 구원하려 오셨다고 선포하고 있습니다.

"미쁘다 모든 사람이 받을 만한 이 말이여 그리스도 예수께서 죄인을 구원하시려고 세상에 임하셨다 하였도다 죄인 중에 내가 괴수니라"

그러므로 "우리가 구원을 받느냐, 받지 못하느냐"하는 것은
바로 죄의 문제를 해결하느냐에 달려있습니다.
사람들이 왜 하나님께 나아갈 수 없습니까? 죄 때문입니다.

"모든 사람이 죄를 범하였으매 하나님의 영광에 이르지 못하더니"(롬 3:23)

그러므로 당신의 구원을 방해하는 것은 죄입니다.

"여호와의 손이 짧아 구원하지 못하심도 아니요 귀가 둔하여 듣지 못하심도 아니라 오직 너희 죄악이 너희와 너희 하나님 사이를 갈라 놓았고 너희 죄가 그의 얼굴을 가리어서 너희에게서 듣지 않으시게 함이니라"(사 59:1-2)

그러므로 당신이 먼저 죄인 됨을 시인해야 구원을 받을 수 있습니다.

12. 당신의 죄를 해결하기 위해서 죄가 무엇인지 알아야 합니다.

당신의 죄를 해결하려면 죄가 무엇인지 자세히 알아야 합니다.

많은 사람들이 구원을 받지 못하는 이유가 어디에 있습니까?
성경적으로 인간의 근본적인 죄가 무엇인지 모르기 때문입니다.
그렇다면 근본적인 죄가 무엇입니까?
불신과 불순종입니다.
예수님께서 요한복음 16장 9절에서 죄를 이렇게 소개했습니다.

"죄에 대하여라 함은 그들이 나를 믿지 아니함이요"

13. 그러면 왜 당신이 죄인입니까?

당신이 아담의 후손으로서 죄인으로 태어났기 때문에 죄인입니다.
그래서 다윗은 자신이 어머니 태중에 잉태될 때부터 죄인이라고 고백하고 있습니다.

"내가 죄악 중에서 출생하였음이여 어머니가 죄 중에서 나를 잉태하였나이다" (시 51:5)

그러므로 당신은 태어날 때부터 죄인이요. 또한 죄성을 가지고 태어났습니다.
죄를 짓는 성질이 당신의 마음속에 있습니다.
그래서 죄는 마음속에서 나옵니다.

"속에서 곧 사람의 마음에서 나오는 것은 악한 생각 곧 음란과 도둑질과 살인과 간음과 탐욕과 악독과 속임과 음탕과 질투와 비방과 교만과 우매함이니 이 모든 악한 것이 다 속에서 나와서 사람을 더럽게 하느니라" (막 7:21-23)

"이제는 그것을 행하는 자가 내가 아니요 내 속에 거하는 죄니라 내 속 곧 내 육신에 선한 것이 거하지 아니하는 줄을 아노니 원함은 내게 있으나 선을 행하는 것은 없노라 내가 원하는 바 선은 행하지 아니하고 도리어 원하지 아니하는 바 악을 행하는도다 만일 내가 원하지 아니하는 그것을 하면 이를 행하는 자는 내가 아니요 내 속에 거하는 죄니라" (롬 7:17-20)

그러므로 죄인은 잘못된 길로 나아갑니다.

"우리는 다 양 같아서 그릇 행하여 각기 제 길로 갔거늘"(사 53:6)

그러므로 죄인은 마음에 하나님을 두기를 싫어합니다.

"또한 그들이 마음에 하나님 두기를 싫어하매 하나님께서 그들을 그 상실한 마음대로 내버려 두사 합당하지 못한 일을 하게 하셨으니"(롬 1:28)

그러므로 죄인은 생수의 근원되는 하나님, 행복의 근원되신 하나님을 버리고
스스로 행복해지려고 노력합니다.
하나님은 이것이 인간이 범하는 악이라고 말씀하고 있습니다.

"내 백성이 두 가지 악을 행하였나니 곧 그들이 생수의 근원되는 나를 버린 것과 스스로 웅덩이를 판 것인데 그것은 그 물을 가두지 못할 터진 웅덩이들이니라"(렘 2:13)

14. 죄를 해결하는 _____ 방법은 무엇입니까?

죄를 해결하는 두 가지 방법이 있습니다.
사람의 방법과 하나님의 방법이 있습니다.
사람의 방법은 과정이요,
하나님의 방법은 단번에 해결하는 것입니다.

첫째로 과정은 인간이 태어나서 죽을 때까지 스스로 노력하는 것입니다.

그런데 사람들은 모든 죄를 단번에 해결하는 방법이 없다고 생각합니다.
그래서 과정을 선택하고 스스로 죄를 해결하려고 노력을 합니다.
하지만 인간은 자신의 노력으로 아무리 노력해도 죄의 문제를 해결할 수 없습니다.
그러므로 과정은 인간이 만든 잘못된 방법입니다.
인간은 결코 과정을 통해서 자신의 죄의 문제를 해결할 수 없습니다.
그러므로 인간이 만든 모든 종교는 과정이요 헛수고를 하는 것입니다.

둘째로 단번은 하나님께서 죄의 문제를 단번에 다 해결해 주시는 것입니다.

그러므로 예수님이 _____ 당신의 모든 죄를 다 해결해 주셨습니다.
지혜의 하나님은 당신의 죄 문제를 예수님을 통해서 단번에 해결하셨습니다.
죄 문제에 대한 유일한 해결책은
죄 없는 분이 하나님 앞에서 당신을 대신해서 죽어야 합니다.
죄 없는 분이 인간의 정죄와 심판과 죽음을 대신 담당해야 합니다.
하지만 이 세상에 죄 없는 사람이 있습니까?
이 지구상에는 죄 없는 사람은 아무도 없습니다.
성경은 모든 사람이 다 죄인이라고 선언했기 때문입니다.
하지만 죄의 문제를 해결할 가능성이 하나가 있습니다.
자기 자신의 몸에 온 인류의 죄를 다 짊어지실 만한 능력이 있는 분은
온 우주 안에 하나님의 아들 예수님 외에는 아무도 없었습니다.
하나님의 아들만이 무한하신 중보자로서 모든 사람을 대신해서 단번에 죽을 수가 있습니다.
그분이 죄 문제를 단번에 해결하기 위해 이 세상에 오셨습니다.
다음 구절의 강조 속으로 들어가 보십시오.

"미쁘다 모든 사람이 받을 만한 이 말이여 그리스도 예수께서 죄인을 구원하시려고 세상에 임하셨다 하였도다 죄인 중에 내가 괴수니라"(딤전 1:15)

예수님은 죄인인 우리를 구원하시기 위해서 오셨습니다.
여기서 사도 바울이 사용한 '미쁘다' 는 말은
'믿음직하다, 아름답다, 확실하다, 신빙성 있다' 는 뜻입니다.
그러면 어떤 말이 그렇게 믿음직하고, 확실하고, 신빙성 있습니까?
예수님이 '죄인을 구원하시려고 세상에 임하셨다' 는 말입니다.
이 말씀이 왜 그렇게 믿음직스러울까요?
이 말씀의 반대개념을 생각해보면 알 수 있습니다.
만약 예수님이
잘난 사람과 부자와 착한 일을 많이 한 사람과 외모가 잘 생긴 사람과 키가 큰 사람과
건강한 사람 등 어떤 조건을 갖춘 사람들만 데려가기 위해서 오셨다면
누가 과연 천국에 갈 수 있겠습니까?

그러나 예수님은
'죄인들을 구원하기 위해서 세상에 임하셨으니'
그 말이 그렇게 믿음직스럽고 아름다운 것입니다.
그러므로 당신의 죄의 문제는 예수님을 통해서 해결할 수 있습니다.
이사야는 이 점을 명확하게 말합니다.

"우리는 다 양 같아서 그릇 행하여 각기 제 길로 갔거늘 여호와께서는 우리 모두의 죄악을 그에게 담당시키셨도다"(사 53:6)

하나님은 당신의 죄를 예수님이 담당하게 하시므로 당신의 죄를 단번에 해결하셨습니다.
예수님이 십자가에 죽으심으로 하나님의 공의와 사랑이 완전히 충족되었습니다.
죄는 반드시 벌해야 합니다.
그러나 하나님은 자신의 아들을 보내서
당신이 받아야 마땅한 사망의 형벌을 당신 대신 받게 하셨습니다.
이제 당신의 죄에 대한 형벌은 모두 예수님이 받으셨습니다.
그분이 당신을 위해서 자신의 아버지로부터 끊어지셨습니다.

15. 그러므로 당신은 예수님이 이 땅에 오신 이유를 알아야 합니다.

예수님은 죄를 없이하려고 오셨습니다.
사도 요한의 말에 귀 기울려보십시오.

"그가 우리 죄를 없애려고 나타나신 것을 너희가 아나니 그에게는 죄가 없느니라"(요일3:5)

누가 과연 당신의 죄를 해결하시기 위해서 적합한 분입니까?
죄가 없어야 합니다.
그런데 예수님은 죄가 없으신 분입니다.
그분은 죄 없는 생애를 사셨기 때문입니다.
그러나 죄를 짓도록 시험은 받으셨습니다.
성경은 이 점을 명확하게 말합니다.

"모든 일에 우리와 똑같이 시험을 받으신 이로되 죄는 없으시니라"(히 4:15)

예수님의 반대자들도 예수님에게서 죄를 찾지 못했습니다.
예수님은 당당하게 도전하셨습니다.

"너희 중에 누가 나를 죄로 책잡겠느냐 내가 진리를 말하는데도 어찌하여 나를 믿지 아니하느냐"(요 8:46)

그러므로 죄가 없으신 예수님이 당신의 죄를 없이하려고 오셨습니다.

16. 예수님은 _____ 을 행하러 오셨습니다.

하나님의 뜻은 과연 무엇입니까?
인간이 자기 노력으로 해결하지 못하는 죄 문제를 단번에 해결하는 것입니다.
다음 구절에 담긴 하나님의 메시지에 귀 기울려보십시오.

"이에 내가 말하기를 하나님이여 보시옵소서 두루마리 책에 나를 가리켜 기록된 것과 같이 하나님의 뜻을 행하러 왔나이다 하셨느니라, 그 후에 말씀하시기를 보시옵소서 내가 하나님의 뜻을 행하러 왔나이다 하셨으니 그 첫째 것을 폐하심은 둘째 것을 세우려 하심이라 이 뜻을 따라 예수 그리스도의 몸을 단번에 드리심으로 말미암아 우리가 거룩함을 얻었노라"(히 10:7, 9-10).

히브리서 기자는 예수님이 하나님의 뜻을 행하기 위해서 오셨다고 소개합니다.
하나님의 뜻은 예수님이 온 인류의 죄를 십자가 사건을 통하여 단번에 해결하시는 것입니다.
그분은 하나님의 뜻대로 십자가에서 단번에 죽으심으로 말미암아
우리의 죄의 값을 다 지불하셨습니다.
그 결과 우리는 거룩함을 얻었고,
죄의 문제는 이제 끝났습니다.
끝났기 때문에 그분은 이제 쉬고 계십니다.
마치 창세기 1장에서 하나님이 6일 동안 창조사역을 마치시고 7일째 되는 날에 쉬신 것처럼
예수님도 하늘나라 우편보좌에서 쉬고 계십니다.

성경은 이 점을 명확하게 말합니다.

"오직 그리스도는 죄를 위하여 한 영원한 제사를 드리시고 하나님 우편에 앉으사"(히 10:12)

여기서 '쉬다.'는 표현으로 앉아 계신다고 말하고 있습니다.
"한 영원한 제사"는 한 번에 _____는 영원한 제사입니다.
구약에서는 인간의 죄를 용서받기 위해서 아무리 제사를 드려도
그 제사를 통해서는 완전하게 죄문제를 끝내지 못하기 때문에 앉을 수가 없습니다.
그래서 제사를 지내는 성소 안에는 절대로 의자가 없습니다.
죄 문제를 끝낼 수 없기 때문입니다.
하지만 예수님은 죄문제를 단번에 해결하시고 끝냈기 때문에 앉아 쉬고 계십니다.
그래서 히브리서 10장 11절과 10장 12절을 비교해보면
재미있는 사실을 발견할 수 있습니다.
먼저 11절을 읽어보십시오.

"제사장마다 매일 서서 섬기며 자주 같은 제사를 드리되 이 제사는 언제나 죄를 없게 하지 못하거니와"(히 10:11)

여기 11절은 매일 제사를 드리고, 자주 제사를 드리고, 서 있습니다.
그러나 결국 이 제사는 죄를 완벽하게 해결하지 못합니다.
그러나 12절을 다릅니다.

"오직 그리스도는 죄를 위하여 한 영원한 제사를 드리시고 하나님 우편에 앉으사"(히 10:12)

여기서 예수님은 죄 문제를 단번에 끝내버리는 영원한 제사를 드리시고,
하나님 우편에 앉아 쉬고 계십니다.

"그가 거룩하게 된 자들을 한 번의 제사로 영원히 온전하게 하셨느니라"(히 10:14)

이제 예수님은 자신의 한 제물로 영원히 온전하게 해결하셨습니다.
이제 완전하게 끝났기 때문에 다시는 제사를 드릴 필요도 없습니다.
이 얼마나 놀라운 선언입니까?

"이것들을 사하셨은즉 다시 죄를 위하여 제사 드릴 것이 없느니라"(히 10:18)

이제 우리의 죄 문제는 예수님께서 다 해결하셨습니다.
우리는 이것을 단지 믿음으로 받아드리면 됩니다.

17. 당신의 죄의 값은 다 지불되었습니다.

예수께서 숨을 거두시기 직전에 '다 이루었다'고 외치셨습니다.

"예수께서 신 포도주를 받으신 후에 이르시되 다 이루었다 하시고 머리를 숙이니 영혼이 떠나가시니라"(요 19:30)

그분이 십자가 위에서 죽어 _____ 외치셨던 그 한 마디는
참으로 의미 있는 선포였습니다.
그분은 이 한 마디를 통해서
유한한 인간으로서는 거의 이해할 수 없는 큰 성취를 이루셨습니다.
십자가에 못 박혀 죽으심으로써, 자신의 피와 물을 다 쏟으시고 희생하심으로써
그분은 온 인류의 모든 죄의 값을 다 지불하셨습니다.
예수께서는 이 세상의 모든 죄를 위해서 돌아가셨습니다.
그분은 아담으로부터 시작하여
앞으로 태어날 인류의 마지막 사람까지 모든 사람의 모든 죄의 값을 다 지불하셨습니다.
'다 이루었다'는 외침은
패배의 울부짖음 '나는 망했다'가 아니라
승리의 외침 '나는 완성했다'는 외침입니다.
예수께서 이 외침을 통해서
인간의 구원을 위한 하나님의 영원하신 계획이
인간의 시간 역사 속에서 실행되었다는 것을 선포하셨습니다.
그분의 죽으심을 통해서 당신의 죄는 하나님의 등 뒤로 던져졌습니다.
당신의 죄는 깊은 바다에 매장되었습니다.
당신의 모든 죄는 동쪽 끝에서 서쪽 끝으로 멀리 옮겨졌습니다.

당신의 죄는 빽빽한 구름의 사라짐같이 다 사라져 버렸습니다.
그분은 당신의 죄라는 엄청난 빚을 단번에 청산하셨습니다.
예수님께서 당신을 사랑하시기 때문에
당신이 일평생 노력을 해도 갚을 수 없는 죄의 빚을
십자가 위에서 단번에 대신 갚아 주셨습니다.
성경은 이 점을 분명하게 말씀합니다.

"**그리스도께서도 단번에 죄를 위하여 죽으사 의인으로서 불의한 자를 대신하셨으니 이는 우리를 하나님 앞으로 인도하려 하심이라 육체로는 죽임을 당하시고 영으로는 살리심을 받으셨으니**"(벧전 3:18)

예수님께서 당신을 사랑하셔서 당신의 모든 죄의 빚을 대신 갚아 주셨습니다.
그분이 당신을 사랑하셔서 당신의 모든 죄의 빚을 갚아 주셨기 때문에
이제 당신은 죄의 대가로 지옥에 들어갈 이유가 없습니다.
당신의 죄의 값이 이미 지불된 것이 _____ 입니다.
이것이 진리입니다.

예수님이 당신의 모든 죄의 빚을 지불하시기 위해서
십자가에서 피 흘려 죽으시고 다시 살아난 사실을
진심으로 믿으면 당신도 모든 죄에서 해방될 수 있습니다.

18. 이것을 육하원칙에 따라 정리하면 다음과 같습니다.

누가 – 예수께서,
언제 – 약 2,000년 전에,
어디서 – 갈보리 언덕 십자가 위에서,
무엇을 – 우리의 모든 죄의 값을,
무엇으로 – 예수의 피로,
어떻게 – 단번에 죄의 값을 다 지불하심으로,
얼마만큼 – 우리의 과거, 현재, 미래의 모든 죄를,
왜 – 우리를 거룩하게 하여 하늘나라에 들어가게 하려고,

그러므로 예수님께서 우리가 지금까지 지은 죄만 지불하신 것이 아니라
과거, 현재, 미래의 모든 죄의 값을 단번에 이미 다 지불하셨습니다.

19. 그러나 당신이 그 사실을 믿지 않으면 아무런 소용이 없습니다.

오직 당신이 믿기만 하면
당신은 더 이상 _____ 아니라 오히려 의인으로 인정해 주십니다.
하나님의 자녀로 인정해 주십니다.
그 조건은 믿음과 회개입니다.
당신이 하늘나라에 들어가는 것은
당신이 죄를 얼마나 많이 지었느냐, 아니면 죄를 짓지 않았느냐에 달려 있는 것이 아니라
예수님이 당신을 대신해서 죄의 값을 다 지불하셨다는 사실을
믿고, 회개하고, 이 기쁜 소식을 받아 드렸느냐, 거부했느냐에 달려 있습니다.

성경은 명확하게 말씀합니다.

"그를 믿는 자는 심판을 받지 아니하는 것이요 믿지 아니하는 자는 하나님의 독생자의 이름을 믿지 아니하므로 벌써 심판을 받은 것이니라"(요 3:18)

결국 믿음은 곧 하늘나라요,
불신은 지옥입니다.
하나님은 다른 것을 보시는 것이 아니라 당신의 믿음을 보십니다.
믿음과 불신의 결과는 엄청난 차이가 있습니다.

20. 그러므로 죄문제를 해결하기 위해 회개와 믿음이 무엇인지 알아야 합니다.

"그러므로 여러분이여 안심하라 나는 내게 말씀하신 그대로 되리라고 하나님을 믿노라"(행 27:25)

첫째, 믿음이란 무엇일까요?

믿음이란 하나님께서 말씀을 통해서 약속하신 것은
반드시 그대로 이루어진다고 확실하게 믿고 순종하는 것입니다.
사도행전 27장 25절의 사도 바울의 고백에서
믿음이 무엇인지 발견할 수 있습니다.

"나는 하나님께서 내게 말씀하신 그대로 되리라고 하나님을 믿노라"(행 27:25)

이 말씀은 사도 바울이 죄수로 잡혀 로마로 호송되다가 '유라굴로'라는 태풍을 만나서
여러 날 동안 해와 별이 보이지 않고, 구출될 가능성이 전혀 없는 상황 가운데서
믿음으로 선포한 내용입니다(행 27:14-20).
하나님께서 바울에게 나타나셔서 비록 배는 파선되지만
바울을 포함하여 배 안에 있는 모든 사람이 죽지 않는다고 말씀하셨기 때문입니다.
그래서 바울은 하나님의 말씀과 약속을 믿었습니다(행 27:22-25).

둘째, 믿음은 개인적입니다.

"나는 하나님께서 내게 말씀하신 그대로"(행 27:25)

당신이 믿기 전에 먼저 믿어야할 하나님의 약속의 말씀이 있어야 합니다.
당신이 믿어야할 하나님의 말씀이 있습니다.
만약에 하나님께서 말씀을 통해서 약속해 주신 말씀이 없다면 당신은 믿을 수 없습니다.
이제 하나님께서 당신에게 성경을 통해서 무엇이라 말씀하셨는지 살펴보십시오.

당신이 죄인이요, 그 죄 때문에 지옥에 들어갈 수밖에 없다는 사실입니다.
하지만 하나님께서 당신을 사랑하셔서
예수님을 통하여 당신의 죄의 값을 다 지불하셨다는 사실입니다.
그러므로 당신이 그 사실을 믿고 회개하고 예수님을 영접하면
하나님의 자녀가 되어서 언제 죽어도 하늘나라에 당당하게 들어 갈 수 있다는 약속입니다.

당신은 하나님의 인격을 믿을 수 있습니까?

하나님의 인격을 믿을 수 있다면 그 분이 하신 약속도 믿을 수 있습니다.

하나님은 자신이 약속하신 것을 반드시 이행하시는 분이십니다.

성경은 약속의 책입니다.

바로 성경 말씀에서 당신이 믿기만 하면

죄가 하나도 없는 의인이 될 수 있고,

또한 구원을 받을 수 있다고 말씀하고 있습니다.

셋째, 그렇다면 이제 회개하십시오.

이 사실을 진정으로 믿는다면 회개해야 합니다.

회개란 불신의 죄로부터 돌이키는 것입니다.

하나님께서 당신의 모든 죄의 값을 이미 다 지불하셨는데,

그 사실을 깨닫지 못해서 믿지 못한 것을 회개하는 것입니다.

아담과 하와는 선악과를 따먹지 말라는 하나님의 말씀을 불신하고 믿지 않았습니다.

그 결과 죄를 범하고 말았습니다.

사도 바울은 유라굴로의 태풍을 만나 죽을 처지에 있었지만

하나님이 살려주신다는 하나님의 말씀을 듣고, 하나님의 말씀을 믿었습니다.

"나는 내게 말씀하신 그대로 되리라고 하나님을 믿노라"(행 27:25)

그 결과 그대로 이루어져 모든 생명이 다 구원을 받았습니다.

이제 당신의 차례입니다.

당신도 오늘 구원의 기쁜 소식인 복음과 하나님의 말씀을 들었습니다.

예수님께서 당신의 모든 죄의 값을 다 지불하셨다는 하나님의 말씀을 들었습니다.

이제 당신도 그 사실을 진심으로 믿으시면 됩니다.

당신이 그 사실을 진심으로 믿으신다면

이제 예수님을 마음속에 영접하십시오.

볼찌어다 내가 문밖에 서서 두드리노니 누구든지 내 음성을 듣고 문을 열면 내가 그에게로 들어가 그로 더불어 먹고 그는 나로 더불어 먹으리라 (계시록 3:20)

21. 지금 예수님을 마음속에 영접할 수 있습니다.

"볼지어다 내가 문 밖에 서서 두드리노니 누구든지 내 음성을 듣고 문을 열면 내가 그에게로 들어가 그와 더불어 먹고 그는 나와 더불어 먹으리라"(계 3:20)

첫째, 예수님께서 문밖에 서서 두드리는 _____ 있습니다.

헐만헌트가 그린 이 그림은 예수님께서 문을 두드리고 계시는 그림입니다.
이 문은 문고리가 없는 것이 특징입니다.
그래서 안에서 열어 주지 않으면 밖에서는 절대로 열 수 없습니다.
비록 예수님이라 할지라도 강제로는 열지 않습니다.
그래서 이 그림은 예수님께서 들어가시려고 문을 두드리시지만
안에 있는 사람이 문을 열어 주지 않아 들어가지 못하는 그림입니다.
이 그림은 당신의 마음과 같습니다.
"볼지어다 내가 문밖에 서서 두드리노니"
예수님께서 지금 이 순간에 당신의 마음 문을 두드리고 계십니다.

둘째, "누구든지 내 음성을 듣고"

저는 지금까지 예수님의 말씀을 대신 전했습니다.
그러므로 당신은 저를 통해서 예수님의 말씀을 들으셨습니다.

셋째, "문을 열면 내가 그에게로 들어가"

당신의 마음의 문을 열면 예수님께서 들어오시겠다고 약속하고 계십니다.
당신은 이 순간에 예수님을 진심으로 영접하시겠습니까?
결단을 잘 내렸습니다.

넷째, 예수 그리스도를 당신의 구세주로 받아드리는 기도를 하십시오.

"주 예수님 저는 죄인입니다. 예수님께서 이미 나의 모든 죄의 값을 십자가 위에서 단번에 지불하신 것을 믿습니다. 이 사실을 깨닫지 못하여 믿지 못한 것을 용서해 주십시오. 그리고 나의 모든 죄를 다 용서해 주십시오. 이제 예수님을 나의 구세주와 주인으로 마음속에 영접하오니 지금 내 마음속으로 들어오십시오. 내 마음속에서 내 삶을 다스려 주시고 앞으로는 주님 뜻대로 살게 도와주십시오. 예수님 이름으로 기도합니다. 아멘."

"나는 참으로 성실하게 나의 구세주인 당신을 믿겠습니다. 나는 당신께서 2천년 전에 십자가 위에서 나의 모든 죄의 빚을 이미 다 갚아 주셨으며 당신을 믿으면 값없이 영생을 주신다는 사실을 깨달았습니다. 그러므로 이제 나는 내 모든 의심을 다 떨쳐 버리겠습니다. 이제 더 이상 나의 감각적인 어떤 체험을 믿으려 하지 않겠습니다. 바로 이 순간 이곳에서 나는 당신께서 나를 위하여 이루신 일, 약속하신 그 약속을 믿겠습니다. 당신을 나의 구세주로 영접하고, 나의 모든 죄를 다 용서하시고 나를 구원하시고 내게 영생을 주시는 당신의 말씀을 믿고 순종하겠습니다."

"나는 길을 잃은 불쌍한 죄인입니다. 나는 당신께서 나 같은 불쌍한 죄인을 구원하시기 위하여 죽으신 것을 믿습니다. 당신께서 이미 나의 죄를 용서하셨으며 구원하신 것을 믿고 당신의 말씀을 순종하고 받아 드리겠습니다. 바로 이 순간 나의 모든 죄를 용서하실 것을 믿습니다. 내가 당신을 의뢰하고 당신을 나의 구세주로 영접합니다. 당신께 내 마음을 영원히 드립니다. 당신의 은혜로 당신이 나의 구세주 되심과 이제 남은 일생을 당신을 위한 생애로 살아갈 것을 오늘 이 시간, 당신께 엄숙히 서약합니다."

예수 그리스도를 당신의 구세주로 영접하는 결단은
인생에서 가장 중요한 선택을 하는 것입니다.
사실 당신은 당신의 인생여정 속에서 여러 가지 많은 것들을 선택해 왔습니다.
친구들을 선택하고 학업을 선택하고 직업을 선택했습니다.
그러나 예수 그리스도를 당신의 구세주로 모셔드리는 선택이야말로
가장 중요한 결정입니다.

이 결정 때문에 당신은 새로운 차원의 삶을 살게 됩니다.
살아 계시는 인격자이신 예수 그리스도와 개별적으로 관계를 맺으면
놀라운 일이 일어납니다.
참으로 피조물인 당신은 창조주께 의탁할 때만 완전해지고 충만해집니다.
당신의 생애의 중심부에 창조주가 계실 때만
당신은 비로소 바른 기능을 발휘할 수 있습니다.
그러므로 당신이 예수 그리스도를 주님으로 인정하는 것은
그분을 당신의 전 생애, 당신의 전 소유, 당신의 전 행위,
당신의 의지할 대상, 당신의 시간의 절대적 주권자이심을 고백하는 것입니다.
이제 당신의 마음의 왕좌에 예수 그리스도를 주인으로 모시는 것입니다.

전깃불을 켜는 스위치

당신이 예수 그리스도를 마음에 구세주로 영접하는 것은
전깃불을 켜는 스위치를 찾는 것에 비유될 수 있습니다.
당신은 어두운 방안에서 전깃불을 켜기 위하여
스위치를 찾아 더듬어 헤매 본 적이 있습니까?
그때 닥치는 대로 만져 보고, 그러다가 무엇이 얼굴에 부딪칠 수도 있습니다.
몇 발자국 움직이다가 휴지통을 발로 차기도 하고 가슴이 두근거리기도 합니다.
그러다가 스위치를 발견하여 불을 켜면 비로소 안심하게 됩니다.
모든 것이 완전해집니다.
이와 같이 당신은 주님을 만날 때 모든 것이 안전해집니다.

당신이 예수 그리스도를 영접하는 것은 결혼에 비유될 수 있습니다.

남자와 여자가 결혼할 때 그들은 서로가 새로운 관계에 들어갑니다.
그들은 서로 새로운 책임을 갖게 됩니다.
이와 같이 당신이 그리스도를 당신의 구세주로 영접할 때
그분께서도 당신을 받아들이십니다.

그분은 풍족한 하나님으로서 당신을 받아 주십니다.
그래서 그분이 당신의 모든 것을 책임져 주십니다.

그러므로 인생에서 _____ 은 예수님을 영접하는 날입니다.

내가 예수 그리스도를 내 마음에 모셨던 그 날을 나는 결코 잊을 수 없습니다.
그분이 내 마음에 들어오신 그 사건은 얼마나 감격적인 일이었는지요?
그것은 감정이 고조된 어떤 극적인 사건이 아니라
내 영혼의 중심에서 발생한 엄연한 사실이었습니다.
그분은 내 어두운 마음에 들어오셔서 불을 켜셨습니다.
차가운 난로에 불을 지피고 냉기를 몰아내셨습니다.
그분은 정적이 있던 곳에 음악을 시작하셨고,
불화가 있던 곳에 조화를 이루기 시작하셨습니다.
그분 자신의 사랑 넘치는 놀라운 사귐으로 공허를 채워 주셨습니다.
그리스도께 문을 연 것에 대해 나는 한 번도 후회한 적이 없었고,
앞으로도 영원히 후회하는 일이 없을 것입니다."(로버트 멍어, P. 5).

크고 작은 모든 만물 하나님의 손길 드러내니
어디서나 무엇이나 끝없이 오묘하신 솜씨가 보입니다.
온갖 사랑스런 모습으로
소리로 땅과 하늘의 하나님을 선포하는 봄의 숱한 기적 속에서 나는 혼자 묻습니다.
'내가 누구이기에'
하나님께서는 외아들 보내시어
당신의 섭리 다 이루시니
죄 없으신 그 아들 달리신 십자가로 나를 구원하셨습니다.
죄인인 나를 깨끗하게 하시어
나 같은 자를 하나님의 자녀로 삼으셨습니다.
저 하늘 본향의 영생을 내리시려고
예수 고난 당하셨습니다.
피 흘려 죽으셨습니다.

11장 구원상담 후 점검

장두만 박사는 구원상담 후 상대방이 진정으로 구원을 받았는지 점검하는 방법을 자세히 소개하고 있다.

구원상담을 했다고, 예수님을 영접하는 고백을 했다고, 또는 영접기도를 했다고
다 구원받은 것은 아니기 때문에
구원상담을 한 후 _____ 쯤 지나서
다시 만나 확인을 하는 것은 매우 중요하다.
상대방을 만나서 구원점검, 구원 후의 죄를 처리하는 문제,
신앙성장과 양육 등에 관해서 확실하게 도와주어야 한다.

1. 어떻게 구원점검을 하는가?

지난 한 주간 동안 어떻게 살았느냐고 물어보라.
상대방이 확실하게 거듭났다면 거듭난 사람으로서의 변화된 간증이 있을 것이다.
하지만 전혀 변화가 없다면 구원받은 것이 아님을 분명히 말하고
전도용 성경공부를 함께 시작하거나 자신의 구원을 위해 간절히 기도하게 해야 한다.
하지만 상대방이 구원을 받았는지 그것을 아는 것이 아주 에매한 경우에는
몇 주일 동안 더 두고 볼 수도 있다.

하지만 상대방이 구원을 받은 것이 확실하다면 구원의 확신을 주도록 해야 한다.
이 때 주의해야 할 것은 아직 분명히 구원받은 것이 아닌데도 불구하고
구원의 확신을 지식적으로 주입시켜서는 안 된다.

자신의 변화를 본인 스스로 간증하게 하는 것이 가장 중요하다.
그리고 구원을 점검할 때는 가능하면 영적으로 밝은 사람 몇 명이 함께 하는 것이 좋다.
그래야 착오를 일으킬 가능성이 적기 때문이다.
몇 차례에 걸쳐 여러 가지 방법으로 구원을 확인한 후
구원받은 것이 확실하면 교회에서 공개적으로 간증을 하게 한다.

2. 구원받은 후의 죄 문제

과거의 죄가 생각날 경우 이제는 용서해 달라고 기도하는 것이 아니라
이미 용서해 주셔서 감사하다고 기도하게 해야 한다.
하지만 구원받은 이후 죄를 지을 경우 하나님께 자백하도록 도와주어야 한다.
이것은 이미 구원을 받은 사람이 하는 회개로서
하나님의 자녀로서 하나님 아버지께 교제회복을 위해서 죄를 회개하는 것이다.
예수님께서 우리의 모든 죄를 _____에 모두 다 용서해 주셨다.
과거의 죄와 현재의 죄와 미래의 죄까지 모두 용서해 주신 것이다.
하지만 우리가 이 말씀에 대해 오해가 없어야 한다.
우리의 미래의 죄까지 용서받았기 때문에
우리가 앞으로 죄를 함부로 지어도 상관이 없다는 뜻이 아니기 때문이다.
만일 우리가 하나님의 자녀로서 세상에서 죄를 범하고 자백하지 않는다면
하나님은 우리를 징계하신다.
미워서 징계하시는 것이 아니라 우리를 사랑하시기 때문에 징계하신다.
히브리서 기자는 이 점을 명확하게 말했다.

"주께서 그 사랑하시는 자를 징계 하시고 그의 받으시는 아들마다 채찍질 하심이니라 하였으니 너희가 참음은 징계를 받기 위함이라 하나님이 아들과 같이 너희를 대우하시나니 어찌 아비가 징계하지 않는 아들이 있으리요 징계는 다 받는 것이거늘 너희에게 없으면 사생자요 참 아들이 아니니라 또 우리 육체의 아버지가 우리를 징계하여도 공경하였거늘 하물며 모든 영의 아버지께 더욱 복종하여 살려 하지 않겠느냐 저희는 잠시 자기의 뜻대로 우리를 징계하였거니와 오직 하나님은 우리의 유익을 위하여 그의 거룩하심에 참예케 하시느니라 무릇 징계가 당시에는 즐거워 보이지 않고 슬퍼 보이나 후에 그로 말미암아 연달한 자에게는 의의 평강한 열매를 맺나니."(히 12:6-11).

우리가 죄를 계속 범하고 회개하지 않음에도 불구하고 징계가 없다면
우리는 참된 아들이 아니라 사생아에 불과하다.
징계가 없다면 그 사람은 _____ 구원 받은 것이 아니다.
우리 주위에 믿음생활을 하다가 지금은 신앙생활을 하지 않고
심지어는 다른 종교를 믿는 사람들이 있는데
그들은 _____ 구원받은 것이 아니다.
사도 요한은 이 문제에 대해 명확하게 말한다.

"저희가 우리에게서 나갔으나 우리에게 속하지 아니하였나니 만일 우리에게 속하였더면 우리와 함께 거하였으려니와 저희가 나간 것은 다 우리에게 속하지 아니함을 나타내려 함이니라."(요일2:19).

우리가 구원받은 사람으로서 죄를 계속 범하면
하나님과의 관계에 문제가 생기고 고통을 받는다.
그러나 그 죄로 인해서 우리의 구원은 취소되지 않는다.
더더욱 예수님을 거짓말쟁이로 만들 수는 없다.
하나님은 우리를 그냥 죄 속에 버려두시는 분이 아니다.
징계를 통해 깨우쳐 주시므로 우리는 죄를 회개하고 하나님께 돌아올 수 있다.

3. 성장에 관해서

구원받은 후 가능하면 빠른 시일 내에 양육을 시작하는 것이 좋다.
구원을 받은 시기가 짧을수록 일반적으로 성장에 대한 욕구가 굉장히 강하다.
따라서 이 시기를 놓치지 않는 게 중요하다.
그렇지 않으면 영적인 고목이 되어서 어려워지는 경우가 많다.
그러므로 구원받은 사람이 말씀을 가까이 하고 기도와 전도와 교제와 예배와
봉사하는 삶을 살 수 있도록 양육을 해야 계속 신앙이 성장하게 된다.

4. 구원의 영원성에 대해 가르쳐 준다.

상대방이 구원을 받은 것이 확실하다면
이제 예수 그리스도께서 우리의 구원을 이루어주셨고, 우리의 구원을 지켜주시고,
우리의 구원을 보존하신다는 사실을 정확하게 알려 주어야 한다.
구원의 안전성을 위해 우리가 구원을 어떻게 받았는지 그것을 아는 것이 매우 중요하다.
상대방이 구원을 어떻게 받았는가?
만일 그 사람이 자신의 선행과 자신의 의와 자신의 도덕적인 행위를 통해서 구원을 받았다면
그 사람은 동일한 방법으로 자신의 구원을 지키기 위해서 노력해야 한다.

하지만 그 사람이 구원받기 위해서 자신의 힘이 아닌
하나님의 은혜와 십자가에 못 박히신 예수님의 공로로 구원을 받았다면
그 사람의 구원은 이제 예수 그리스도께서 지켜 주신다.
사도 바울은 이 점을 분명하게 말했다.

"나의 의뢰한 자를 내가 알고 또한 나의 의탁한 것을 그날까지 저가 능히 지키실 줄을 확신함이라" (딤후 1:12).

사도 바울은 예수님이 자기를 구원하셨으며,
마찬가지로 예수님이 자신의 구원을 지키신다고 선포하고 있다.
사도 바울은 구원에 대한 분명한 확신이 있었기 때문에
고린도교회 성도들에게 이 점을 강조한다.

"주께서 너희를 우리 주 예수 그리스도의 날에 책망할 것이 없는 자로 끝까지 견고케 하시리라." (고전 1:8)

예수님께서 우리를 구원해 주셨기 때문에
그분이 우리의 구원을 끝까지 견고케 지켜 주시는 것이다.
사도 베드로도 우리가 받은 구원은 영원히 안전하여 무너지지 않는다고 명확하게 선포한다.

"찬송하리로다 우리 주 예수 그리스도의 아버지 하나님이 그 많으신 긍휼대로 예수 그리스도의 죽은 자 가운데서 부활하심으로 말미암아 우리를 거듭나게 하사 산 소망이 있게 하시며 썩지 않고 더럽지 않고 쇠하지 아니하는 기업을 잇게 하시나니 곧 너희를 위하여 하늘에 간직하신 것이라 너희가 말세에 나타내기로 예비하신 구원을 얻기 위하여 믿음으로 말미암아 하나님의 능력으로 보호하심을 입었나니."(벧전 1:3-5).

긍휼이 많으신 아버지 하나님께서 우리를 거듭나게 하시고 살아있는 참된 소망을 주셨다.
그분이 우리에게 기업을 주셨는데 그 기업은 강력하고 명확하고 영원히 썩지 않은 기업이다.
어떤 것에 의해서 오염되거나 더러워질 수 없는 기업이다.
어떠한 영향을 받게 되더라도 사라지지 않는 기업이다.
그러므로 우리가 받은 구원은 영원히 지속되는 구원이다.

예수님께서는 우리에게 영생을 주셨기 때문에 그분이 끝까지 책임져 주신다.
그분은 우리 스스로의 노력으로 살아가도록 내버려 두시는 분이 아니다.
그분이 우리의 구원을 시작하셨기 때문에
우리의 구원이 완성되는 그날까지 우리를 책임져 주신다.
우리가 부활하여 천국에 들어가 영생복락을 누릴 때까지
그분이 우리의 구원을 완성하시는 것이다.

"너희 속에 착한 일을 시작하신 이가 그리스도 예수의 날까지 이루실 줄을 우리가 확신하노라"(빌 1:6)

우리가 올바른 참된 구원을 받았기 때문에 하나님은 우리가 어떤 시험이나
장애물들로 말미암아 어려움을 겪게 될 때에도 우리가 그것들을 잘 대처하여
극복해 나갈 수 있도록 우리를 위해서 기도해 주시고 도와주신다.

"남의 하인을 판단하는 너는 누구뇨 그 섰는 것이나 넘어지는 것이 제 주인에게 있으매 저가 세움을 받으리니 이는 저를 세우시는 권능이 주께 있음이니라. 사람이 감당할 시험 밖에는 너희에게 당한 것이 없나니 오직 하나님은 미쁘사 너희가 감당치 못할 시험 당함을 허락지 아니하시고 시험 당할 즈음에 또한 피할 길을 내사 너희로 능히 감당하게 하시느니라."(롬 14:4; 고전 10:13).

이제 하나님이 우리의 구원을 지켜주신다.

예수님은 분명하게 말씀하셨다.

"내게 오는 자는 내가 결코 내어 쫓지 아니하리라."(요 6:37)

하나님은 어떤 상황에서도 우리를 그분의 가족에서 내쫓지 않으신다.
예수님의 약속은 영원한 약속이다.
하나님은 한번 구원을 주셨다가 빼앗아 가는 분이 아니다.
그 어떤 사람도 우리의 구원을 취소할 수 없다.
하나님이 우리를 지키고 계시며, 하나님이 우리에게 영생을 주셨기 때문이다.
성경은 분명하게 약속하고 있다.

"내 양은 내 음성을 들으며 나는 저희를 알며 저희는 나를 따르느니라 내가 저희에게 영생을 주노니 영원히 멸망치 아니할 터이요 또 저희를 내 손에서 빼앗을 자가 없느니라 저희를 주신 내 아버지는 만유보다 크시매 아무도 아버지 손에서 빼앗을 수 없느니라"(요 10:27-29).

이 말씀은 '구원의 영원한 안전성'을 잘 설명해 준다.
분명히 '영원히 멸망치 아니할 터이요'라고 선포하고 있다.

밀라드 에릭슨은 그의 저서 "구원론"에서 구원의 영원성에 대해 명확하게 말한다 (P. 258).

"예수님은 여기서 구원의 확실한 보장을 강력하게 선언하신다. 예수님은 그의 양들이 배교하게 될 일말의 가능성도 절대적으로 배제하고 있는 것이다. 문자적으로 직역해 본다면 '그들은 절대로 조금도 멸망당하지 않을 것이다.'라고 이렇게 말할 수 있을 것이다."

요한복음 10장 27절부터 29절에 '내 손'이라는 예수님의 손과 '아버지 손'이 나오는데, 이 두 손이 우리를 감싸고 보호하고 있으니 우리는 안전한 것이다.
예수님의 손에서와 아버지의 손에서 빼앗을 자가 없다고 선포한다.
어느 누구도 우리의 구원을 빼앗지 못한다.
하나님은 모든 사람보다 크시고 능력이 많으신 분이시기 때문이다.
여기서 '만유보다 크시매' 라는 말은 온 세상을 창조하신 하나님이시기 때문에 온 우주보다도, 온 세상보다 크신 하나님이라는 뜻이다.
누가 감히 그 크신 하나님에게서 우리를 빼앗아 갈 수 있겠는가?
사도 바울은 구원의 안전함을 분명하게 선포한다.

"또 미리 정하신 그들을 또한 부르시고 부르신 그들을 또한 의롭다 하시고 의롭다 하신 그들을 또한 영화롭게 하셨느니라 그런즉 이 일에 대하여 우리가 무슨 말 하리요 만일 하나님이 우리를 위하시면 누가 우리를 대적하리요."(롬 8:30-31).

하나님께서 우리를 불러 주셨고, 의롭다 하셨고, 영화롭게 하셨다고 선포한다.